고선지, 실크로드에서 용맹을 떨치다

실크로드로 배우는 세계 역사 ❺

고려 장군

고선지,
실크로드에서 용맹을 떨치다

아카넷주니어

▶일러두기
· 일부 나라명과 지명은 해당 지역의 발음에 따라 외래어 용례집을 참고하여 표기하였습니다.
· 고선지의 정복 경로에서 몇몇 도시들은 생략되었음을 밝혀 둡니다.
· 책에 실은 도판들은 저작권자를 찾아 허가를 받아 사용하였고, 저작권자를 찾지 못한 일부 도판은 최선을 다해
  저작권자를 찾아 사용료를 지불하겠습니다.

{실크로드 Silk Road 비단 緋緞 길}

아주 오래전, 자신의 꿈을 이루기 위해 어떠한 위험도 감수하고 실크로드를 건넌 사람들이 있습니다. 하지만 그들이 남긴 글과 그들이 살았던 시대를 기록한 글 어디에서도 '실크로드'라는 말을 찾아볼 수 없습니다. 이 이름은 독일의 지리학자 페르디난트 폰 리히트호펜이 자신의 책인『중국』(1877)에서 중앙아시아의 고대 교역로를 가리키는 말로 처음 사용했습니다. 이 길을 통하여 운반되었던 고대 중국의 비단(실크) 때문에 붙여진 이름이었습니다. 실크로드는 단순한 교역로가 아니라 세계의 동쪽 지역과 서쪽 지역을 잇는 문명 교류의 통로였습니다.

작가의 말

　실크로드는 2천 년이 넘는 세월 동안 동양과 서양을 이어 주었습니다. 서쪽 끝으로는 아랍 세계와 유럽까지, 동쪽 끝으로는 중국과 우리나라까지 이어졌습니다. 실크로드를 통해 동서양의 문물과 사람들이 서로 오고 갔습니다. 비단, 향신료, 보석 등 진귀한 물건을 사거나 팔기 위해 낙타에 짐을 싣고 가는 상인들, 불교 경전을 구하기 위해 인도로 가는 구법승들, 전쟁을 하기 위해 말을 달리는 전사들. 이들은 모두 다른 목적을 가지고 실크로드를 따라갔습니다. 하지만 목숨을 걸고 실크로드를 지나갔다는 점은 같습니다.

　실크로드의 대부분을 차지하는 한가운데에는 중앙아시아 지역이 있습니다. 아시아와 유럽 사이 중앙아시아 지역에는 한반도보다 1.5배나 넓은 타클라마칸 사막이 놓여 있고, 백두산보다 1천 미터 이상 높은 산맥이 펼쳐져 있습니다. 곳곳에 도적 떼가 숨어 있다가 지나가는 사람들을 습격하기도 했고, 전쟁이 벌어지면 군인이 아닌 사람들은 지날 수 없기도 했습니다. 온갖 어려움에도 불구하고 사람들은 끊임없이 실크로드를 오갔습니다. 이 길을 따라 비단, 금 세공품, 소금 등의 교역품뿐 아니라 불교,

이슬람교 등의 종교와 독특한 문화가 각지로 전해졌습니다.

「실크로드로 배우는 세계 역사」 시리즈는 실크로드에서 활약했던 역사 인물들에 대한 이야기를 다루고 있습니다. 그중에는 진리를 찾아 길을 떠났던 중국 당나라의 삼장 스님과 통일신라의 혜초 스님, 실크로드를 정복한 몽골의 칭기즈칸, 실크로드를 따라 중국을 방문한 유럽인 마르코 폴로가 있었습니다.

「실크로드로 배우는 세계 역사」 시리즈의 다섯 번째 책인 『고구려 장군 고선지, 실크로드에서 용맹을 떨치다』의 주인공 고선지는 8세기 중반 중앙아시아 지역을 정복한 고구려 출신 당나라 장군입니다. 고구려가 멸망한 후 당나라 내륙 지방으로 강제로 끌려갔던 고구려 유민, 고선지. 그는 차별을 이겨 내고 당나라 장군이 되어 실크로드에서 용맹을 떨쳤습니다. 한반도의 세 배나 되는 넓은 땅을 다스렸고, 실크로드 72개 나라들의 항복을 받은 최고의 장군이었습니다.

고선지가 살았던 8세기는 실크로드를 둘러싸고 주변 나라들에서 큰 변화가 일어나고 있었습니다. 7세기 초까지 실크로드는 북방 초원의 유목 민족 돌궐이 지배하고

있었습니다. 그러나 새롭게 들어선 중국 당나라가 급격히 세력을 넓히면서 돌궐은 힘이 약해졌고, 그 틈을 타 남쪽의 티베트(토번)가 성장했습니다. 실크로드를 두고 당나라와 티베트, 그리고 돌궐이 팽팽하게 대립하고 있었습니다. 한편 실크로드 서쪽 끝에서는 이슬람 세력이 성장하면서 점차 동쪽으로 진출하고 있었습니다.

실크로드의 지배권을 두고 경쟁하던 당나라, 돌궐, 티베트, 이슬람 세력 모두 막강한 나라들이었습니다. 이때 고선지는 당나라 군대를 이끌고 이들과 차례차례 전쟁을 치렀습니다. 그는 아무도 예상하지 못한 기발한 전략으로 적들을 혼란에 빠트렸습니다. 돌궐계 부족과 티베트를 이기면서 실크로드는 사실상 고선지의 손안에 들어갔습니다. 이 시기 당나라는 가장 넓은 영토를 차지했고 실크로드 교역을 통해 그 어느 때보다도 부유해졌습니다. 고선지 장군이 없었더라면 당나라가 번영을 구가하는 일은 역사에 기록되지 않았을 수도 있습니다.

당나라와 이슬람 세력이 겨룬 처음이자 마지막 전투인 탈라스 전투는 고선지의

운명뿐 아니라 세계사의 흐름까지도 바꾸어 놓았습니다. 고선지가 패배하면서 중앙아시아 실크로드의 지배권은 이슬람 세력에게 넘어갔습니다. 포로가 되어 이슬람 제국으로 끌려간 당나라 군인 중에 종이 만드는 기술자가 있어서 중국의 제지술이 이슬람 세계를 거쳐 유럽까지 전파되었습니다. 이처럼 전쟁을 통해서도 동서양은 계속 교류를 이어 갔던 것입니다.

    이 책에는 고선지 장군의 활약과 그가 거쳐 간 실크로드의 여러 나라의 이야기들이 흥미진진하게 펼쳐집니다. 이제 고선지 장군을 따라 타클라마칸 사막과 파미르 고원을 넘어 실크로드를 누벼 볼까요?

김은영

[차례]

○작가의 말 6

○실크로드의 정복자, 고선지 14

1장 쿠차의 고구려인 장수

양주에서 보낸 어린 시절 24

능력을 인정받다 31

평생 동지, 봉상청을 만나다 40

2장 드디어 시작된 실크로드 정벌

장안의 봄 50

가자, 소발률국으로! 55

파미르 고원의 정복자 63

3장 피할 수 없는 운명

안서절도사에 임명되다 78

석국을 정복하다 82

동서 문명의 격돌, 탈라스 전투 86

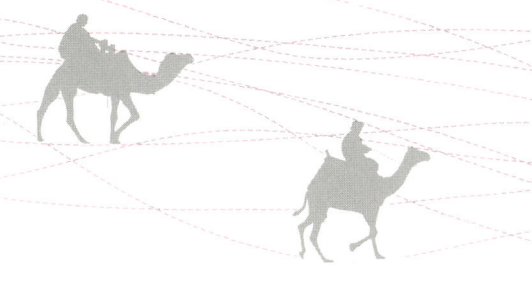

4장 마지막 전투
    장안에서 은둔 생활을 하다 100

    뤄양 성의 함락 108

    쓸쓸한 최후를 맞이하다 112

○실크로드로 배우는 세계·문화·역사 120

    고선지는 어떤 사람일까요?

    7~8세기 실크로드 세계

    당시에는 어떻게 전투를 했을까요?

    종이의 역사

    고선지, 실크로드 정복 경로

    세계 역사 연표

○찾아보기 139

○사진 출처 143

▶ 힌두쿠시 산맥
고선지가 소발률국을 점령하기 위해 넘었던 탄구령은 힌두쿠시 산맥의 한 자락으로 알렉산더가
넘었던 알프스 산맥보다 더 높은 곳이다.

[실크로드의 정복자, 고선지]

사막에 밤이 찾아왔습니다. 점점 어두워지고 하늘에 별이 하나둘 떠오르기 시작했습니다. 넓고 적막한 사막 한가운데에 한 무리의 사람들과 말들이 조용히 잠에서 깨어나고 있었습니다. 양주에서 쿠차로 이동하는 당나라의 군대였습니다. 이 군대를 이끌고 있는 사람은 고사계 장군이었습니다. 그의 뒤에는 십 대로 보이는 아들 고선지가 따르고 있었습니다.

"자, 모두 충분히 쉬었을 테니 길을 떠나도록 하세."

고사계 장군의 명령에 병사들은 길 떠날 채비를 서둘렀습니다. 선두에 있던 고선지는 문득 주위를 둘러보았습니다. 달빛과 별빛에 사막의 모래가 하얗게 빛날 뿐 주변에는 나무도 풀도 보이지 않았습니다. 막막하게 펼쳐진 사막에는 병사들과 말들이 움직이는 소리만 들렸습니다. 고향 양주를 떠나 40여 일간 계속 이런 길을 걸어왔습니다. 그동안 가파른 산길과 거친 사막을 지나면서 죽을 고비도 여러 번 넘겼습니다. 고향 생각도 났습니다. 양주에서는 지금쯤 한창 포도가 익고 있을 것입니다. 고향에서 먹던 달콤한 포도의 맛이 입 안에서 느껴지는 것 같았습니다.

"선지야, 쿠차가 멀지 않았다. 정신 바짝 차려라."

아버지의 말씀에 고선지는 정신이 퍼뜩 들어 다시 말에 올랐습니다. 함께 양주를 떠나온 병사들은 오랜 행군에 지친 기색이었습니다. 5천여 명의 병사

▶ **둔황의 월아천**
고선지는 아버지 고사계와 함께 양주를 떠나 오아시스 도시인 쿠차로 갔다. 도중에 이들 부자는 둔황의 월아천을 지났다.

들을 보자 가슴이 뭉클해졌습니다. 병사들은 대부분 자신과 같은 고구려인이었습니다. 고구려 병사들은 죽음을 각오한 결사대로 가장 힘든 전투에 보내졌습니다. 그러면서 서로 끈끈한 믿음을 쌓아간 것입니다.

　오랜 여정에 지쳤을 텐데 고사계는 말 위에 꼿꼿이 앉아서 한 치의 흐트러진 모습도 보이지 않았습니다. 평생을 군인으로 살아온 아버지였습니다. 같은 부대원임에도 당나라 군인들은 종종 '천한 고구려 놈'이라며 시비를 걸었습니다. 그는 묵묵히 군인으로서 의무를 다했고, 마침내 무공을 인정받아 장군 지위에 올랐습니다. 비록 가장 위험한 전쟁터인 쿠차로 가게 되었지만 전투에 나갈 생각을 하자 그의 가슴속이 뜨거워졌습니다.

　고선지는 어린 시절부터 무술 훈련을 하고 군인이 되었습니다. 지금 당나라 국경을 침입하고 있는 적들을 막아 내고 공을 세우면, 인정받을 수 있을 것입니다. 그때 갑자기 하늘 저편에서 부연 그림자가 번져오면서 '웅~웅~' 하는 기분 나쁜 소리가 다가왔습니다. 사막의 모래폭풍이 덮쳐 온 것입니다.

"모두 모래 언덕 아래로 몸을 피해라!"

병사들은 고사계 장군 명령에 따랐습니다. 모래 언덕 아래에 몸을 웅크리고 이 무서운 바람이 어서 그치기를 기다릴 수밖에 없었습니다. 사막의 모래폭풍은 매일같이 겪는 일이기 때문에 병사들은 당황하지 않았습니다. 하지만 오늘밤 불어 닥친 모래폭풍은 예상보다 훨씬 거대했습니다. 순간적으로 눈앞에 아무것도 보이지 않았습니다. 말들은 놀라서 힝힝거리며 달아났습니다. 병사들은 눈, 코, 입으로 몰아치는 모래바람에 제대로 서 있을 수도 숨을 쉴 수도 없었습니다. 세찬 바람에 수레, 식량 주머니, 천막 등 많은 물건이 휩쓸려 날아갔습니다. 심지어 몇몇 병사들도 돌풍에 휩쓸렸습니다.

고선지는 모래폭풍이 어서 지나가기를, 그리고 모두가 무사하기를 마음속으로 빌었습니다. 얼마나 오랜 시간이 지났을까, 갑자기 사방이 고요해졌습니다. 하늘에 별빛이 다시 반짝이는 것이 보였습니다. 모래폭풍이 걷힌 것입니다. 웅크린 채로 있던 고선지의 몸 반 정도가 모래에 파묻혀 있었습니다. 고선지는 재빨리 모래를 털어 내고 일어나서 주위를 살펴보았습니다. 병사들 중 많은 수가 폭풍에 휩쓸려 모래 속에 파묻혀 버렸습니다. 살아남은 병사들은 동료를 구하기 위해 울부짖으며 모래 더미를 파헤쳤지만 소용없었습니다. 고선지도 병사들을 잃은 슬픔에 가슴이 메어졌지만, 슬퍼하고 있을 수만 없었습니다. 그는 눈물을 머금고 살아남은 병사들과 함께 다시 길을 떠날 준비를 했습니다.

피로와 두려움과 슬픔에 지친 군대는 행군을 계속했습니다. 모래폭풍에 길이 사라져 버려서 하늘의 별을 나침반으로 삼아 길을 찾아가야 했습니다. 고선지는 병사들에게 용기를 북돋우면서 길을 재촉했습니다. 쿠차가 이제 얼마 남지 않았습니다.

▶ [쿠차]
현재 중국 신강위구르 자치구에 있는 도시다.
실크로드 길목에 위치해 당나라는 쿠차에 안서도호부를 설치했다.

중국 산맥의 제왕, 고선지

고구려인 고선지는 당나라 장군으로서 역사책에 이름을 남겼습니다. 그가 살았던 당나라 서쪽 국경은 실크로드가 지나는 중요한 길목이었고, 이곳을 차지하기 위해 당나라는 돌궐, 티베트와 전쟁을 벌였습니다. 고선지 장군은 타클라마칸 사막을 건너고 톈산 산맥과 파미르 고원을 넘어 돌궐계 부족, 티베트를 차례차례 무찔렀습니다.

고선지의 명성은 중국뿐 아니라 실크로드를 따라 멀리 아랍 세계에까지 전해졌습니다. 14세기 아랍 역사책에는 고선지를 '중국 산맥의 제왕'이라고 기록하고 있습니다. 고선지가 이슬람 대군과 싸웠던 탈라스 강변에는 약 1천3백 년이 지난 지금까지도 그 당시 전투를 노래하는 민요가 전해지고 있다고 합니다.

그러나 그가 어렸을 때부터 아주 용감하지는 않았던 것 같습니다. 『신당서』의 기록에 따르면 "고선지는 잘생겼고 말타기와 활쏘기를 잘하였지만, 아버지는 그가 유약하고 느려서 몹시 걱정"했다고 기록되어 있습니다.

열심히 노력한 결과 고선지는 당나라 최고의 장군으로 성장합니다. 그는 용맹할 뿐 아니라 전략을 세우는 데도 천재적인 장수였습니다. 주변 지리 환경을 잘 파악해서 공격할 때와 멈출 때를 계산했고, 아군과 적군의 심리를 읽고 이용할 줄도 알았습니다. 그의 작전은 대부분 성공을 거두었습니다. 고선지가 세운 업적에 대해 『구당서』, 『신당서』에서는 '신기할 정도로 뛰어난 업적'이라고 평가했습니다.

▶ 고선지 실크로드 정복 전쟁 경로

- → 소발률국 정벌
- → 석국 정벌
- → 탈라스 전투

발하슈 호
아랄 해
탈라스
이식쿨 호
톈산 산맥
석국
쿠차
카스피 해
사마르칸트
발환성
카슈가르
악슬덕
타클라마칸 사막
파미르 고원
파밀천
타쉬쿠르간
호탄
쿤룬 산맥
연운보
다르코트
소발률국
대식국
힌두쿠시 산맥
히말라야 산맥
페르시아 만
인도
벵골

1장 쿠차의 고구려인 장수

고선지는 양주에서 어린 시절을 보내고 군인이었던 아버지 고사계를 따라 실크로드 길목에 위치한 오아시스 도시, 쿠차로 가게 되었습니다. 작고 여리기만 한 고선지는 이민족의 침입이 끊이질 않는 쿠차에서 새로운 인생을 맞이하게 됩니다. 고선지는 고구려인이라는 차별에도 당나라 최고의 장군으로 성장하기 위해 노력을 게을리 하지 않았습니다. 그는 역경을 이겨 내고 강한 소년으로 성장해 나갔습니다.

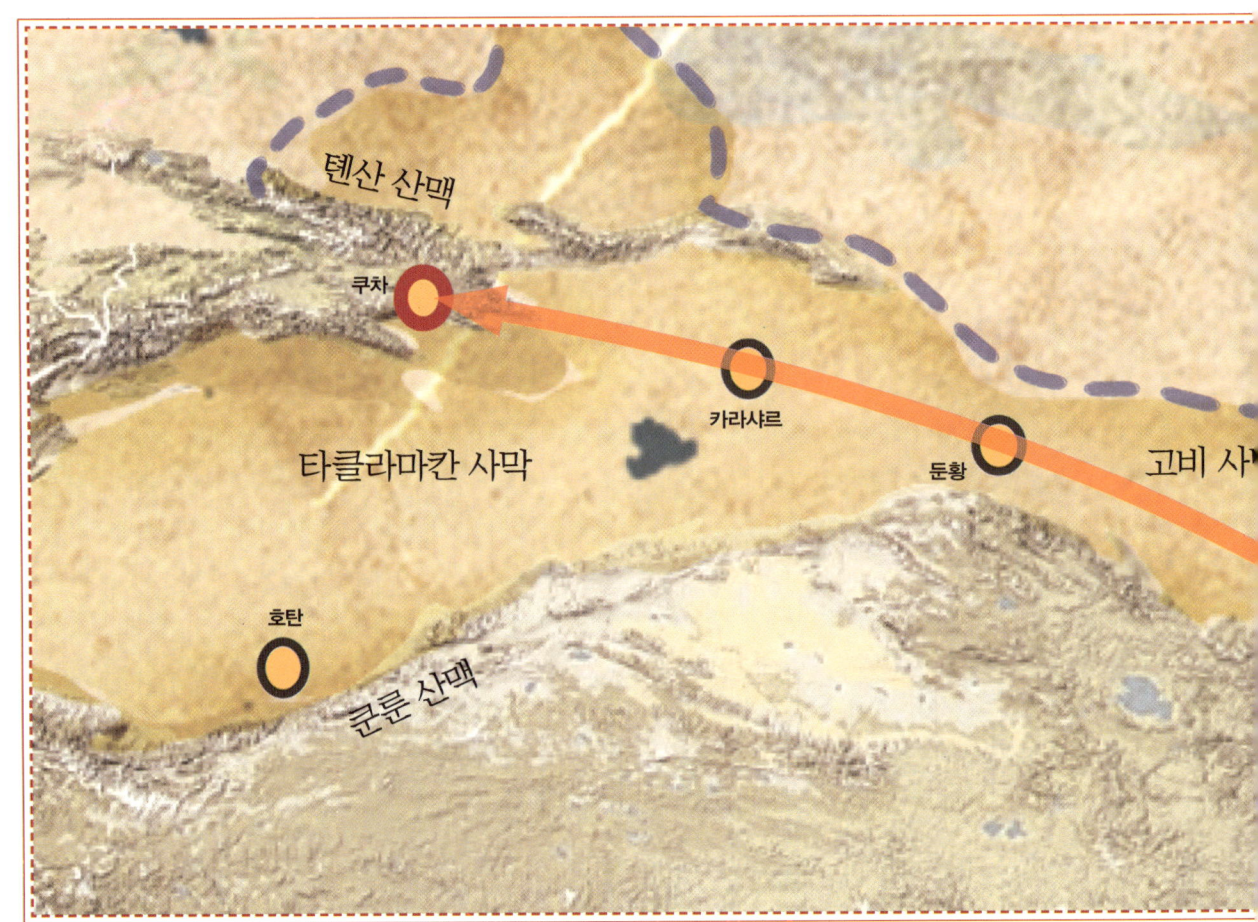

▶ 고선지, 근거지 이동

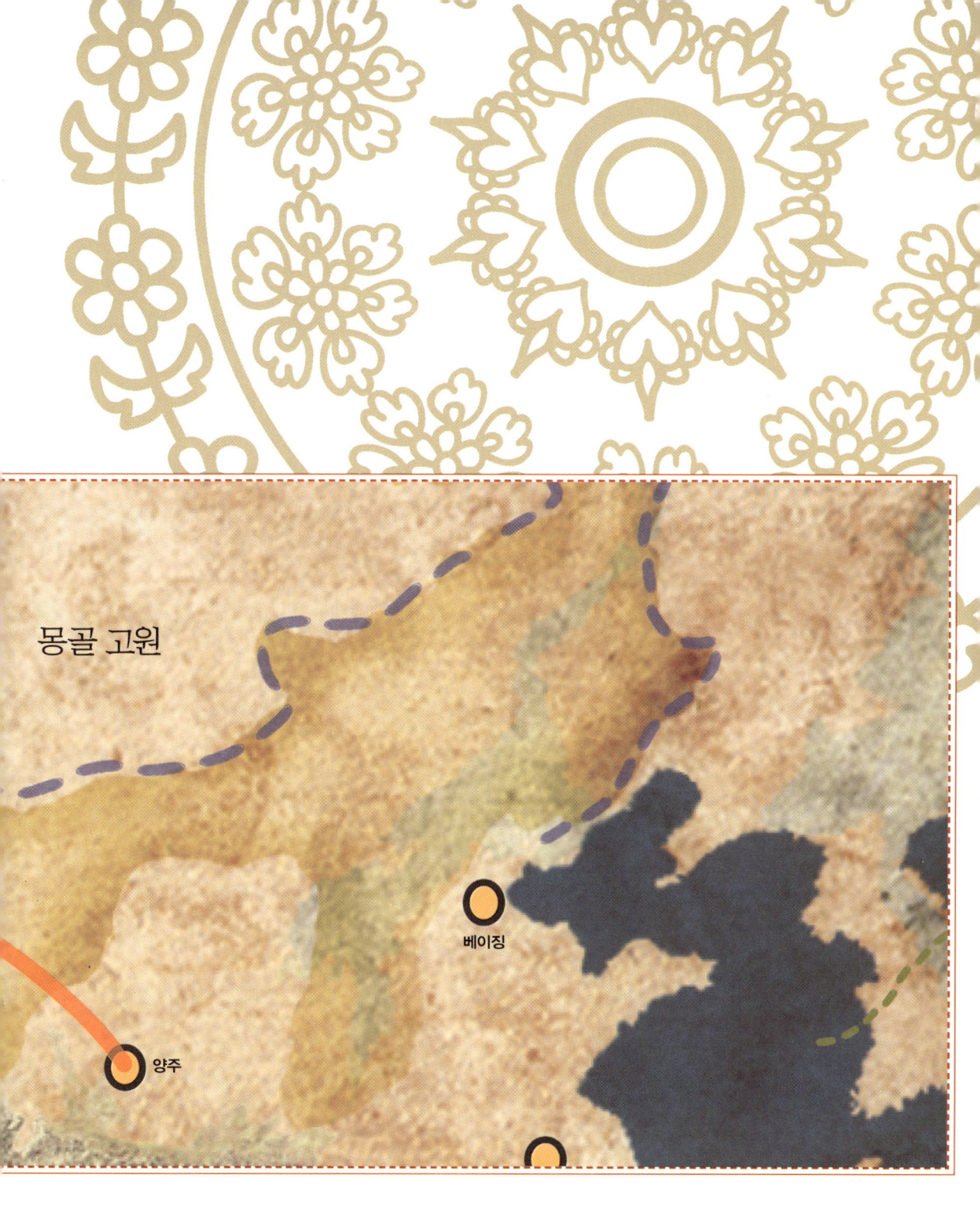

[양주에서 보낸 어린 시절]

양주(량저우)
현재 중국 간쑤 성 우웨이. 서역의 요충지로, 3세기경부터 서역인의 소굴로 불렸다.

원소관등
원소란 중국에서 음력 1월 15일 대보름을 뜻한다. 지금도 중국에서는 화려한 등불을 내걸고 원소절을 축하한다.

휘영청 밝은 달이 두둥실 떠올랐습니다. 양주 거리 곳곳은 사람들로 붐비었습니다. 집집마다 내건 화려한 등은 보름달처럼 환했습니다. 대낮처럼 밝은 밤거리에는 잠을 잊은 사람들의 흥겨운 노랫소리와 웃음소리가 가득했습니다.

오늘은 원소관등 축제 날입니다. 며칠 동안 이어지는 축제 날에는 어른부터 아이들까지 마을 사람들 모두 거리에 나와 밤새 축제를 즐겼습니다. 북적이는 사람들 가운데 유독 눈을 반짝거리며 주위를 둘러보는 소년, 고선지가 있었습니다. 선지는 탄성을 지르며 사람들이 몰려 있는 곳으로 뛰어갔습니다.

"선지야, 그러다 길을 잃으면 어떡하려고 그러니?"

선지의 어머니가 걱정스럽게 선지를 불렀지만 선지는 너무 신이 나 어머니의 목소리가 들리지 않았습니다. 선지는 눈앞에서 벌어진 광경을 넋을 잃고 바라보았습니다. 코가 높고 눈이 움푹 들어간 서역인 재주꾼이 높다란 아슬아슬 외줄을 타고 있었습니다. 곧이어 재주꾼은 옥돌 세 개를 공중에 던지고 받는 묘기를 하면서 줄을 건넜습니다. 옥돌을 떨어뜨릴 듯, 줄에서 떨어질 듯 재주꾼이 묘기를 마치자 구경꾼들은 큰 박수를 보냈습니다. 선지는 함박웃음을 지으며 어머니와 유모가 있는 곳으로 달려왔습니다.

"서역 사람들은 어떻게 저런 걸 하죠? 저도 할 수 있을까요?"

▶ 원소관등 축제
양주의 원소관등 축제는 아름답고 화려하기로 유명했다. 현종 황제가 도술의 힘을 빌려 하룻밤 새에 구경을 하고 왔다는 전설이 전할 정도였다.

어머니는 웃으면서 선지의 손을 잡았습니다.

"글쎄, 쉽지 않을 것 같구나. 저런 묘기는 서역 사람들의 특기란다."

"어머니, 우리는 고구려 사람이죠? 그런데 고구려는 어디에 있어요?"

"선지야, 고구려는 이제 없는 나라란다."

어머니의 목소리가 몹시 슬프게 들렸습니다. 선지는 아차 싶었습니다. 집에서 아버지, 어머니가 고구려 이야기를 하면서 몹시 슬퍼하는 모습을 본 적 있었던 것입니다. 그때 저쪽에서 불을 삼켰다 뿜어내는 또 다른 서역인 재주꾼이 보였습니다. 선지는 또다시 탄성을 내지르며 달려갔습니다. 선지 어머니와 유모는 어쩔 수 없다는 듯 서로 미소를 지어 보이며 선지의 뒤를 따라갔습니다.

서역

서역은 중국의 서쪽 지역을 이르는 말입니다. '서역'이라는 이름은 중국 한(漢)나라 시대의 역사서인 『한서』의 「서역전」에 처음 등장합니다. 좁은 의미로 서역은 파미르 고원 동쪽 지역만을 뜻했습니다. 현재 중국의 신장 지방이 여기에 해당됩니다. 중국은 한나라 때부터 이 지역을 개척하기 시작했습니다. 한 무제(武帝)는 장건이라는 관리를 파견하여 처음으로 서역을 개척했습니다.

당(唐)나라 이후 서역의 범위는 더 넓어져서 파미르 고원 서쪽 지방, 즉 지금의 중앙아시아와 아랍 지역까지 뜻하게 되었습니다. 당나라는 안서도호부와 북정도호부라는 두 개의 기관을 설치해서 서역을 통치했습니다. 고선지가 탈라스 전투에 패배하고 당나라가 멸망하면서 중국은 서역에 대한 지배권을 잃게 됩니다. 이후 칭기즈칸의 손자, 쿠빌라이 칸이 세운 원나라 때에 서역은 다시 중국의 지배를 받았습니다.

▶ 중국 시안에 있는 서역인 조각상

서역에는 수많은 민족과 문화가 번성했습니다. 기원전 6세기 페르시아 제국, 기원전 4세기의 알렉산더 제국을 거치면서 다양한 문화의 영향을 받았고, 그리스와 불교가 만나 독특한 문화를 탄생시켰습니다. 이후 실크로드를 통해 크리스트교와 이슬람교도 전파되었습니다. 특히 9세기 이후로 아랍의 영향 아래 이슬람 문화가 꽃피었습니다.

현재도 이 지역 대부분은 이슬람 문화권에 속합니다. 우리나라는 육지 실크로드와 바다 실크로드를 통해 서역과 교류했습니다. 신라와 고려 시대에 특히 활발한 문물 교류가 이루어졌지요. 신라의 울산항, 고려의 벽란도는 서역 상인들이 배를 타고 들어오는 주요 항구였습니다. 지금도 남아 있는 유물을 통해 당시 우리나라와 서역의 교류를 확인할 수 있습니다.

▶ 황남대총 유리병
서역에서 전래된 것으로 당시 서역과 신라의 교류를 보여 주는 유물이다.

▶ 경주 괘릉 무인상
서역인 형상의 석상이다. 서역인과 교류가 활발했음을 보여 준다.

선지의 부모님은 고구려 땅에서 태어난 고구려 사람이었습니다. 하지만 신라와 당나라 연합군에 의해 고구려가 멸망한 후, 고구려 땅을 차지한 당나라는 고구려 백성들이 다시 고구려를 세우려는 움직임을 보이자 20만 명이나 되는 고구려인을 강제로 이주시켰습니다.

고구려인은 포로 신분이 되어 중국 곳곳에 보내졌습니다. 그때 선지의 부모님도 머나먼 양주로 끌려왔습니다. 양주에는 이런 고구려 사람들이 많이 살고 있었습니다.

고구려인들이 출세할 수 있는 길은 군대에서 공을 세우는 방법밖에 없었습니다. 그래서 선지의 아버지 고사계도 당나라 군인이 되었고, 열심히 노력한 끝에 장군이라는 높은 지위에 올랐습니다. 그는 아들도 자신과 마찬가지로 강한 군인으로 키우고 싶었습니다.

선지는 마음이 착하고 여린 아이였습니다. 희고 고운 얼굴에 속눈썹이 길고 볼이 붉어 여자아이로 오해받을 만큼 곱상한 데다가 눈물도 많았습니다. 불쌍한 사람이나 동물을 보면 자신도 모르게 눈물이 흘러 다른 아이들한테 놀림을 받았습니다. 게다가 고구려인이라는 것 때문에 괴롭힘을 당하는 일도 종종 있었습니다.

고사계는 이런 유약한 아들이 걱정스러웠습니다. 아들이 좀 더 강해지기를 바랐습니다. 그는 선지가 아주 어렸을 때부터 무술 훈련을 시켰습니다. 말타기, 활쏘기, 검술, 격투기 등을 배우면서 어린 선지의 몸은 하루도 멍이 가실 날이 없었습니다. 작은 두 손은 물집과 칼에 베인 상처가 가득했습니다.

아버지는 엄격한 선생님이었습니다. 선지가 게으름을 피우거나 실수를 하면 무섭게 혼을 냈습니다. 그는 선지가 힘든 훈련을 견뎌 내고 강한 군인이 되어야 고구려인이라는 차별을 받지 않고 당당히 성공할 수 있을 것이라고 생각했습니다. 그는 선지에게 글도 가르치지 않았습니다. 글공부할 시간에 무예를 더 열심히 연습하는 것이 낫다고 생각한 것입니다.

어머니는 고된 무술 연습이 끝나고 매일 밤 우는 어린 선지를 보면서 가슴이 아팠지만 그만두게 할 수는 없었습니다. 어머니도 아버지와 같은 생각이었기 때문입니다. 어머니는 상처투성이인 선지를 안아 주면서 달랬습니다.

어린 선지는 처음에는 아버지와 어머니의 뜻을 알기 어려웠습니다. 사람을 때리고 베는 무술을 왜 배워야 하는지, 왜 시를 읽고 노래를 부르면 안 되는지 알 수 없었습니다. 하지만 그런 생각이 들 때마다 아버지와 어머니가 고구려를 이야기할 때 보인 눈빛이 떠올랐습니다. 그 눈빛에는 말로 다 풀어낼 수 없는 슬픔이 배어 있어서 선지는 감히 부모님의 말씀을 어길 수가 없었습니다. 그래도 일 년에 몇 번, 명절 때는 무술 연습을 조금만 하고 놀 수 있었습니다. 오늘 밤 같은 원소관등 축제도 그런 즐거운 날이었습니다. 선지는 어머니의 손을 잡으며 말했습니다.

"어머니, 저는 나중에 커서 장군이 될 거예요. 고구려인 중에 제일 뛰어난 장군, 아니 당나라에서 최고의 장군이 될 거예요. 그래서 어머니와 아버지를 많이 웃게 해 드릴게요."

선지의 말을 들은 어머니는 환한 웃음을 지어 보였습니다. 어머니의 환한 웃음을 본 선지는 기분이 좋아져 큰 소리로 노래를 불렀습니다. 등불이 끝없이 이어진 양주 밤거리에 선지의 노랫소리가 낭랑하게 울려 퍼졌습니다.

고구려의 멸망과 고구려 유민

고구려는 약 700년에 이르는 긴 역사를 가진 동아시아의 강대국이었습니다. 고구려는 당나라에게는 눈엣가시 같았습니다. 618년에 수나라가 멸망한 후 다시 중국을 통일한 당나라는 영토를 확장하면서 고구려와 전쟁을 하게 됩니다. 그 당시 당나라 황제였던 태종이 직접 군대를 이끌고 쳐들어왔지만 이번에도 고구려는 당나라의 공격을 막아 냅니다. 이렇게 강력했던 고구려는 왜 멸망했을까요? 이는 당시 삼국(三國)의 정세, 고구려 내부 사정과 관련이 있습니다. 백제와 고구려의 공격에 시달리고 있던 신라는 당나라와 연합해 고구려·백제를 공격했습니다. 신라와 당나라가 연합했다고 해서 '나당(羅唐) 연합군'이라고 합니다. 나당 연합군의 공격을 받은 백제는 660년에 멸망했습니다. 고구려에서는 당시 정권을 쥐고 있던 연개소문이 죽은 후 그의 아들들 사이에 권력 다툼이 일어났습니다. 이 틈을 타서 나당 연합군은 고구려를 공격했고, 668년에 고구려도 멸망하고 말았습니다.

고구려 땅은 당나라가 차지했습니다. 당나라는 약 20만 명의 고구려인들을 강제로 중국 내륙 지역으로 이주시켰습니다. 고구려인들은 요하(랴오허 강) 서쪽의 영주(현재 요령 성), 더 서쪽으로 양주(현재 간쑤 성) 등으로 끌려갔습니다. 영주로 끌려간 고구려 유민 중 유명한 사람으로는 698년에 발해를 건국한 대조영이 있습니다. 대조영은 고구려 유민들과 함께 말갈족과 손잡고 옛 고구려 땅에 발해를 세웠습니다.

당나라로 끌려간 고구려 유민들은 당나라 사람들에게 차별받았습니다. 서역 부근의 내륙으로 끌려간 사람들은 평소에는 거친 땅을 개척해서 농사를 짓고 남쪽의 티베트, 북쪽의 돌궐 병사들이 침입하면 병사가 되어 당나라 국경을 지켜야 했습니다. 고구려 유민이 출세하는 가장 좋은 방법은 군대에서 공을 세워 높은 계급의 군인이 되는 것이었습니다.

[능력을 인정받다]

고선지가 어렸을 때 아버지 고사계는 양주를 떠나 쿠차로 가게 되었습니다. 안서도호부 군대로 발령이 난 것입니다. 쿠차는 실크로드 길목에 위치한 오아시스 도시 국가로, 타클라마칸 사막에 둘러싸여 있어 적이 침입하기 어려웠습니다. 쿠차에는 동쪽과 서쪽 끝에서 온 다양한 민족이 모여 살고 있었습니다. 세계의 신기한 물건을 볼 수 있고 다양한 언어를 들을 수 있었습니다.

한편 쿠차를 관리하기 위해 설치한 안서도호부는 당나라의 서쪽 국경 지대이기 때문에 주변 민족들과 전쟁이 끊이질 않았습니다. 쿠차 북쪽에는 돌궐, 서쪽에는 돌기시와 서역의 나라들, 그리고 남쪽에는 티베트가 있었습니다.

쿠차에 온 이래 고사계와 고선지는 여러 차례 전투를 치렀고 죽을 고비도 여러 번 넘겼습니다. 아문 상처 위에 새로운 상처가 생겨나기를 몇 년째, 고선지는 크고 작은 전쟁을 겪으며 청년으로 성장해 갔습니다. 희고 곱던 얼굴은 검게 타서 거칠어졌지만, 뚜렷한 이목구비는 사람들의 시선을 끌었습니다. 키가 크고 우람

▶ 쿠차 협곡

타클라마칸 사막
위구르어로 '한번 들어가면 살아서 나올 수 없다'는 뜻으로 세계에서 두 번째로 큰 사막이다. 북쪽에 톈산 산맥, 남쪽에 쿤룬 산맥, 서쪽에 파미르 고원 등 높은 산맥으로 둘러싸여 있다.

돌기시
서돌궐족에 속하는 민족으로, 톈산 산맥에서 유목하던 부족이다. 8세기 초 세력을 키워 당나라와 대립했다.

해서 멀리서 보아도 눈에 띄는 미남이었습니다.

스무 살이 되었을 때, 그는 아버지와 같은 직위의 장군에 임명되었습니다. 젊은 나이에 게다가 고구려인으로서 그렇게 높은 지위에 오르기는 쉽지 않았습니다. 그만큼 그의 무술 실력은 뛰어났습니다. 특히 말타기와 활쏘기는 따라올 사람이 없었습니다. 당나라 백성들은 고선지를 입이 마르게 칭찬했습니다. 그러나 그는 거만해지지 않았습니다. 오히려 자신을 믿어 준 백성들을 더욱 안전하게 지켜야겠다고 다짐했습니다.

불교 왕국, 쿠차

쿠차는 '구자국'이라고 알려진 불교 왕국이었습니다. 중국의 역사책 『한서』에서는 '서역 서른여섯 개 왕국 중 최대의 나라로 인구는 8만 천3백 명이다'라고 기록되어 있을 정도로 번성했습니다. 그러나 구자국은 1세기 무렵 후한의 장군 반초의 공격을 받은 후 쇠퇴해 갔습니다. 원래 구자국은 인도-아리아 계통 민족이었고, 사용하는 언어도 인도·유럽어족에 속했습니다. 그러나 7세기 이후에는 돌궐 계통의 사람들이 많이 들어와 살기 시작했습니다.

쿠차는 기원전 1세기부터 이미 불교가 융성했고 중국으로 불교를 전파하는 데 중요한 역할을 했습니다. 또한 실크로드를 통해 동서 무역을 활발하게 하면서 큰 번영을 누렸습니다. 8세기 통일신라의 혜초 스님이 쓴 『왕오천축국전』에도 쿠차에 대한 기록이 나옵니다. 쿠차를 직접 돌아본 혜초 스님은 "다들 불교를 믿는 마음이 대단하고 공덕을 쌓기에 열심이다"라고 칭찬했습니다. 648년, 당나라는 구자국을 멸망시키고 쿠차에 안서도호부를 설치했습니다. 당나라 군대의 중요한 기지로 삼아 서역을 개척하려고 했던 것입니다.

군인으로 열심히 살아가는 동안 고선지의 생활에도 여러 변화가 생겼습니다. 결혼을 해 한 가정을 이끄는 가장이 되었습니다. 무럭무럭 자라나는 아이들을 보고 있으면 전쟁터에서 입은 상처의 아픔도 사라지는 듯했습니다.

734년, 돌기시와 당나라 사이에 전쟁이 일어났습니다. 돌기시는 원래 서돌궐의 작은 부족이었으나, 소록이라는 뛰어난 카간이 통치한 후 세력을 크게 키웠습니다. 당나라는 돌기시와 우호적인 관계를 유지하려고 했지만 돌기시는 동돌궐, 티베트, 대식국과 연합해 당나라에 저항했습니다. 이들의 연합은 당나라에게 큰 위협이었습니다.

> **카간**
> 유목 민족 사이에서 부족장, 왕을 일컫는 말이다. '칸' 또는 '가한'이라고도 한다.

💡 돌궐의 멸망

돌궐은 6세기 초부터 8세기 중엽까지 알타이 산맥 남쪽과 사막 북쪽 고원에서 활약한 민족입니다. 당나라 초기까지 동아시아의 진정한 강자는 돌궐이었습니다. 6세기 말 돌궐은 분열하여 동돌궐과 서돌궐로 나누어졌습니다. 몽골 고원에서 군림했던 동돌궐은 630년에 당 태종의 공격을 받아 쇠약해졌다가, 7세기 말 다시 일어나 동돌궐 제국을 세워 세력을 키웠지만 745년에 위구르에게 멸망했습니다. 서돌궐은 톈산 산맥 북부의 서역에서 세력을 유지하다가 657년에 당 고종의 공격을 받아 세력이 약해졌습니다. 이후 당나라가 보낸 두 명의 카간이 서돌궐을 통치했는데, 7세기 말 돌기시가 일어나 이들을 추방함으로써 서돌궐은 멸망했습니다. 이후 서돌궐은 이슬람화되어 그 일파가 11세기에 셀주크 튀르크, 13세기 이후 오스만 튀르크를 세웠습니다. 오스만 튀르크는 현재 터키로 이어졌습니다.

이 전쟁은 무려 5년 동안 계속되었습니다. 당나라 황제 현종은 돌기시를 고립시켜야 전쟁에 이길 수 있다고 생각했습니다. 그는 돌기시와 동맹을 맺은 동돌궐에 사신을 보냈습니다. 동돌궐의 카간을 만난 당나라 사신은 현종의 말을 전했습니다.

"카간께서 우리 당나라와 동맹을 맺으시면 막대한 이익이 생길 것입니다. 돌기시를 멸망시킨 후 그 땅과 말, 양을 모두 카간께 드리지요."

카간의 마음은 흔들렸습니다. 현종은 대식국에도 사신을 보내 같은 제안을 했습니다. 대식국 역시 당나라의 제안을 받아들였습니다. 돌기시가 고립된 상황은 당나라에 유리했습니다.

> **대식국**
> 사라센 제국이라고도 하며, 아랍 지역을 통일한 이슬람 제국을 의미한다.

전쟁 중 돌기시 내부에서는 싸움이 일어났습니다. 그리고 마침내 소록에 반기를 들던 이들이 소록을 살해하는 일이 벌어졌습니다. 소록이 죽은 후 돌기시를 돕던 나라들은 등을 돌렸습니다. 돌기시의 세력이 완전히 약해진 739년, 당나라는 최후의 공격을 준비했습니다. 이제 당나라는 돌기시를 정복할 일만 남은 듯했습니다.

당시 안서도호부의 군대는 개가운 장군이 총지휘하고 있었습니다. 그는 군대를 두 부대로 나누어 공격하기로 했습니다. 한 부대는 자신이 직접 이끌고, 또 다른 부대는 부몽영찰 장군이 이끌도록 했습니다.

고사계와 선지 부자는 부몽영찰 부대에 속해 전투에 나섰습니다. 작전에 따라 개가운 부대가 먼저 돌기시 군대가 지키고 있는 성을 공격했고, 부몽영찰 부대도 뒤이어 다른 성을 공격했습니다. 당나라 군대의 거센 공격에 돌기시는

▶ 교하 고성
현재 중국 신장웨이우얼 자치구 투루판에 위치해 있었던 고대 국가 차사전국의 수도 유적으로 안서도호부가 처음 설치된 곳이다.

무너졌습니다. 이후 돌기시는 당나라에 조공을 바치는 나라가 되었습니다.

조공(朝貢)
중국에게 정기적으로 예물을 바치던 일.

고선지는 이 전쟁에서 큰 공을 세웠습니다. 하지만 개가운은 고선지의 공을 자신이 세운 것처럼 황제에게 보고하고 상을 받았습니다. 고선지는 억울했지만 참아야 했습니다. 그는 고선지의 상관이었기 때문입니다. 이런 고선지를 눈여겨본 이가 있었습니다. 바로 고선지의 상관으로 함께 전쟁에 참가했던 부몽영찰이었습니다.

'고선지라고 했던가? 정말 뛰어난 장수야! 전략에 능하고 용맹할 뿐 아니라

부하들도 그를 믿고 따르니 큰 인물이 되겠어.'

그는 고선지가 마음에 들었습니다. 고선지라면 군대를 믿고 맡길 수 있을 것 같았습니다. 고선지도 부몽영찰을 따랐습니다. 그는 다른 상관처럼 고구려인이라고 해서 차별하지 않았습니다. 고선지가 공을 세우면 칭찬하고 그에 걸맞은 상을 내려 주었습니다. 부몽영찰도 당나라에서 이민족 취급을 받는 강족 출신이기 때문일 거라고 고선지는 생각했습니다.

741년 무렵 부몽영찰은 안서절도사로 부임했습니다. 고선지는 너무 기뻐 한달음에 부몽영찰을 찾아갔습니다. 축하 인사를 전하는 고선지에게 부몽영찰도 흐뭇한 표정을 지으며 말했습니다.

> **강족**
> 티베트족에 속하는 민족.
>
> **호탄**
> 서역 남도에서 가장 큰 오아시스 국가로, 현재 중국 신장 웨이우얼 자치구 남서쪽에 위치해 있었다.

"고선지 장군, 지금까지 그랬던 것처럼 앞으로도 나를 잘 도와주길 바라오. 이제까지 공도 많이 세웠으니 폐하께 청해서 더 큰일을 하도록 해 주겠소."

부몽영찰은 고선지를 쿠차 남쪽의 호탄을 다스리는 책임자로 임명했습니다. 호탄은 실크로드의 중요한 곳 중 하나였습니다. 불교가 융성했던 호탄은

▶ **양탄자**
호탄은 옥뿐 아니라 양탄자, 모직물, 명주도 유명했다.

실크로드를 지나는 구법승이 많이 찾는 곳이었습니다. 게다가 진귀한 옥이 유명해서 상인들도 자주 오갔습니다. 호탄을 지배하는 것은 실크로드가 지나는 타클라마칸 사막을 손에 넣은 것이나 마찬가지였습니다.

구법승(求法僧)
부처님이 말씀하신 진리가 무엇인가를 알고자 하는 승려.

얼마 후 고선지는 더 높은 자리로 승진했습니다. 안서절도사 다음가는 자리에 오른 것입니다. 늙으신 부모님의 기쁨은 이루 말할 수가 없었습니다.

"선지야, 이런 날이 올 줄 알고 있었다. 정말 장하다."

어머니는 눈물을 흘리며 고선지의 손을 잡았습니다. 작고 유약했던 아이가 이렇게 늠름한 장군이 되다니! 아버지는 엄한 군인답게 기쁜 감정을 드러내지 않았지만, 고선지는 얼마나 아버지가 자신을 자랑스러워 하는지 알 수 있었습니다. 고선지의 앞날은 탄탄대로가 펼쳐져 있는 것 같았습니다.

당나라의 영토 관리

당나라 초기 북쪽과 서쪽으로 영토를 넓히면서 새롭게 얻은 지역을 관리하기 위해 '도호부'라는 지방 관청을 설치했습니다. 도호부는 총 여섯 개가 있었는데, 그중에서 서역에 설치한 곳이 '안서도호부'입니다. 서역에는 여러 오아시스 왕국들이 있었는데, 당나라는 이 나라들을 점령해 갔습니다. 특히 쿠차(구자국), 카슈가르(소륵국), 호탄(우기국), 카라샤르(언기국)는 실크로드 요지에 위치에 있어 군대를 두고 관리했습니다. 이 네 곳을 묶어서 '안서 4진(안서 지방 네 개의 진)'이라고 부릅니다. 그러나 이민족의 침입이 잦아지면서 도호부로는 감당할 수가 없어지자 현종 대에 들어서는 더욱 강력한 경비 체제로 절도사를 두게 되었습니다. 절도사는 자신이 맡은 지역의 행정과 군사를 장악할 수 있었습니다. 안서절도사는 실크로드를 오가는 상인들을 보호하고 당나라로 갈 수 있는 통행증을 발급하는 일도 했습니다.

죽음의 사막, 타클라마칸

세계에서 두 번째로 큰 사막인 타클라마칸은 남쪽으로는 쿤룬 산맥, 서쪽으로는 파미르 고원, 북쪽으로는 톈산 산맥으로 둘러싸여 있습니다. 타클라마칸 사막은 위구르어로 '한번 들어가면 나오지 못하는 곳'이라는 의미로 모래폭풍이 불면 목숨을 잃을 수 있는 사막이었습니다. 이 위험하고 무시무시한 사막에는 보물이 모래 속에 파묻히기도 했습니다.

당나라에서 서쪽 세계로 가려면 타클라마칸 사막을 가운데 두고 두 갈래의 길이 있었습니다. 그 길이 톈산 산맥의 남북 쪽으로 나 있었죠. 톈산 북쪽 길의 가장 중요한 지역이 쿠차였고, 톈산 남쪽 길의 가장 중요한 지역이 안서 4진의 하나인 호탄이었습니다.

[평생 동지, 봉상청을 만나다]

사람들로 북적이는 쿠차의 거리 저 멀리서부터 사람들이 웅성거리기 시작했습니다. 흙먼지를 일으키며 말을 탄 병사들이 행진하고 있었습니다. 고선지 장군과 그의 호위 부대였습니다. 황금빛 사막 속에서도 눈에 잘 띄는 붉고 푸른색의 멋진 옷을 입고 위풍당당하게 걸어가는 호위병들을 사람들은 넋을 잃고 바라보았습니다.

고선지는 특별히 측근을 지킬 부하 서른 명을 선발해서 거느렸습니다. 그들은 무예가 뛰어나고 충성스러운 젊은이들이었습니다. 고선지는 이 호위병들을 '30기'라고 불렀습니다. 쿠차의 젊은이들은 누구나 30기에 들어가고 싶어 했습니다. 용감한 고선지 장군 밑에서 훈련을 받고 전사가 되는 것은 큰 영광이자 자랑이었습니다.

고선지가 막 성문으로 들어설 때 갑자기 어떤 사람이 튀어나와 고선지의 앞을 가로막았습니다. 한쪽 눈이 멀고 다리도 저는 젊은 남자였습니다. 키도 작고 마른 데다가 누더기 옷을 입고 있어 한눈에도 행색이 좋지 않아 보였습니다.

"웬 놈이냐?"

고선지의 부하가 뛰어나와 그 사내의 목덜미를 잡고 끌어내려고 했습니다.

"장군, 제 말을 잠깐 들어 주십시오. 절대로 장군께 손해가 되지는 않을 겁니다."

겉모습과는 달리 카랑카랑하고 힘 있는 목소리에 고선지는 문득 흥미가 생겼습니다. 가만히 보니 한쪽밖에 없는 눈은 초롱초롱 빛났습니다. 고선지는 부하에게 그를 놓아주라고 손짓했습니다. 그는 고선지 앞에 무릎을 꿇었습니다.

"소인은 봉상청이라고 하옵니다. 장군의 호위대에 들어가고 싶습니다."

"그건 어렵겠구나. 너는 눈과 다리가 불편하지 않느냐? 어찌 무인이 되겠다고 하는가?"

"소인을 일단 곁에 두시면 분명히 쓸모가 있을 것입니다."

고선지는 고민되었습니다. 영리해 보이기는 하지만, 몸이 부자유스러운 것이 영 미덥지 못했습니다. 고선지는 다시 한 번 그에게 거절의 뜻을 말하고 가던 길을 계속 갔습니다.

봉상청은 고선지 일행의 뒷모습을 하염없이 바라보았습니다. 그의 얼굴에는 실망한 빛이 잠깐 비추었지만 곧 툭툭 털고 일어섰습니다. 그는 여느 때처럼 성루로 올라가서 자리를 잡고 앉아 책을 읽기 시작했습니다.

봉상청은 어린 시절, 안서군에서 일하게 된 외할아버지를 따라 쿠차로 왔습니다. 부모님이 어렸을 때 돌아가시고 외할아버지밖에 의지할 사람이 없었기 때문입니다. 불편한 몸 때문에 놀림을 많이 받아 친구 하나 없는 외톨이였던 그는 항상 성루에 올라 앉아 책을 읽었습니다. 외할아버지가 돌아가신 뒤로 봉상청은 더욱 외롭고 가난해졌습니다. 성문을 지키는 문지기로 일했지만 먹을 것, 입을 것도 구하기 어려운 나날들이었습니다. 사람들은 보잘것없는 그를 무시했습니다. 그러나 그의 가슴속에는 큰 꿈이 자라나고 있었습니다.

그는 고선지에 대한 소문을 듣게 되었습니다. 사람들이 칭송해 마지않는 장군, 지략이 뛰어나고 용맹하며 인자한 장군. 그는 고선지 장군을 모시게 된다면 자신의 꿈을 펼칠 수 있을 거라는 희망이 생겼습니다. 그러나 꿈에 그리던 고선지 장군은 그의 청을 단호히 거절했습니다. 그는 고선지의 군대에 쉽게 들어갈 수 있을 것이라고 생각하지 않았기 때문에 실망하지 않았습니다. 언젠가는 자신의 진면목을 보여 줄 날이 올 것이라고 믿었습니다. 그 후 봉상청은 한 달 내내 아침저녁으로 고선지 장군 앞에 나타나서 자신을 받아 달라고 간청했습니다. 사람들은 그런 봉상청을 비웃었습니다.

"신체 건강한 젊은이들도 30기에 들어가기가 얼마나 어려운데, 꿈도 야무져!"

고선지는 시도 때도 없이 나타나는 봉상청이 귀찮았습니다. 한편으로는 끈기가 대단해 그가 궁금해지기 시작했습니다. 무슨 배짱으로 저런 불편한 몸으로 자신 있게 30기에 들어오겠다고 하는 것일까?

"더 이상 자리가 없다고 하지 않았는가? 이제 그만 포기하게."

또다시 거절하는 고선지 앞에 무릎 꿇고 있던 봉상청이 고개를 들었습니다. 그의 눈은 불타는 듯 이글거렸습니다. 그는 성난 목소리로 말했습니다.

"장군께서 평범한 부하들을 원하신다면 얼마든지 있겠지요. 그러나 겉모습만 보고 사람을 판단하신다면 진정 충성스러운 부하를 얻지 못하실 것입니다!"

그 말에 고선지는 호탕하게 웃었습니다. 고선지는 봉상청을 받아들이기로 결정하고 가장 낮은 자리에 임명해서 허드렛일을 맡겼습니다. 드디어 그토록 원하던 고선지 부대에 들어가게 된 봉상청은 묵묵히 자신이 맡은 일을 열심히

했습니다. 그리고 남들 몰래 열심히 무술을 갈고닦으면서 점점 몸은 튼튼해졌고 눈빛에는 더욱 힘이 생겨났습니다. 그는 조용히 때를 기다렸습니다.

741년, 고선지는 처음, 혼자 힘으로 군대를 지휘해서 전투에 나가게 되었습니다. 톈산 산맥 서쪽에 있던 돌궐계 부족인 달해부가 반란을 일으킨 것입니다. 이들은 서역 일대를 점령하고 쿠차까지 쳐들어오려고 했습니다. 현종 황제는 직접 부몽영찰에게 달해부를 진압할 것을 명령했고, 부몽영찰은 고선지를 불러 기병 2천 명을 이끌고 이들을 정벌하도록 했습니다. 고선지를 눈여겨보았던 부몽영찰이 그에게 기회를 준 것입니다. 이 전투는 고선지의 입지를 강화할 수 있는 중요한 기회였습니다.

고선지는 땅의 모양을 꼼꼼히 살펴 전략을 세웠습니다. 달해부는 유목 민족답게 말을 잘 다뤘습니다. 그들은 말을 내달려 쿠차로 오고 있었습니다. 쿠차로 오는 길에는 톈산 산맥의 능령이라는 높은 고개가 있었습니다. 고선지는 쉬지 않고 달려온 달해부 군사들이 몹시 피곤할 것이라고 생각했습니다. 그들이 높은 능령 고개를 넘어 내려올 때가 기회였습니다. 고선지는 병사들을 이끌고 고개 아래에 숨어 기다렸습니다. 달해부 병사들은 아무런 의심 없이 고개를 넘어 내려왔습니다.

고선지가 예상한 대로 그들은 매우 지쳐 있었습니다. 이 틈을 놓치지 않고 고선지는 공격 명령을 내렸습니다. 놀란 달해부 군사들은 우왕좌왕하며 도망쳤습니다. 고선지 부대는 순식간에 이들을 물리쳤습니다.

▶ 이식쿨 호수

톈산 산맥에 있는 이식쿨 호수는 겨울에도 얼음이 얼지 않는다는 뜻으로, 서돌궐의 거점 지역이었다. 고선지 군대는 돌궐족의 일파인 달해부를 공격하러 갈 때 이 호수를 지나갔다.

 큰 성과였습니다. 고선지는 상부에 글을 올려 보고하려고 했습니다. 그러나 고선지는 글을 쓸 줄 몰랐습니다. 어렸을 때 무술 연습에만 집중해 글을 배우지 못했던 것입니다. 고선지의 병사 가운데도 글재주를 가진 이가 없었습니다. 이 소식을 들은 봉상청은 자신에게 맡겨 달라고 했습니다.

 고선지는 봉상청을 믿기 어려웠지만 달리 방법이 없었습니다. 봉상청은 고선지의 명을 받자마자 그 자리에서 보고서를 쓰기 시작했습니다. 얼마 지나지 않아 봉상청이 가져온 보고서를 본 고선지는 크게 놀랐습니다. 보고서에는 달해부와의 전투 중에 일어난 일들이 자세하고 생생하게 적혀 있었습니다. 전쟁터 주변은 어떠했는지, 적의 전략은 무엇이었는지, 당나라 군대의 전략은 어떠했는지까지 완벽하게 서술되어 있었습니다.

 이 보고서는 고선지뿐 아니라 안서도호부의 문관도 놀라게 했습니다. 문관들은 꾀죄죄한 병졸 봉상청이 이런 훌륭한 글을 썼다는 사실을 믿으려 하지 않았습니다. 그들은 봉상청을 불러 놓고 보고서의 내용과 중국 역사서에 나오는 어려운 대목까지 꼬치꼬치 물어보았습니다. 봉상청은 전혀 당황하지 않고 막힘없이 질문에 대답했습니다. 그의 거침없는 답변을 들은 문관들은 놀라움을 감추지 못했습니다.

고선지는 봉상청의 능력을 높이 평가하고 승진시켜 주었습니다. 그는 자신의 부족한 학식을 항상 아쉽게 여겼던 터라 똑똑한 지략가를 얻게 된 것이 몹시 기뻤습니다. 봉상청은 학식이 뛰어날 뿐 아니라 우직하고 충성스러웠습니다. 두 사람은 장군과 부하로 만났으나 죽을 때까지 서로를 인정하고 아끼는 동지로 함께하게 되었습니다.

> **지략가**
> 지략(智略)에 뛰어난 사람을 이르는 말. 지략이란 어떤 문제의 해결책을 능숙하게 세우는 슬기와 계략을 뜻한다.

뛰어난 지략가, 봉상청

봉상청에 대한 이야기는 중국의 역사서인 『구당서』에 실려 있습니다. 그는 가난했고 장애도 있었지만, 뛰어난 지략과 굳은 충성심으로 고선지의 신뢰를 얻었습니다. 고선지가 얼마나 봉상청을 믿었는지 다음과 같은 일화를 통해서도 알 수 있습니다. 고선지는 전쟁터에 나갈 때 봉상청에게 성을 다스리는 임무를 맡겼습니다. 어느 날 고선지가 전쟁에 나가고 없을 때, 고선지를 키워 준 유모의 아들이 봉상청을 무시한 일이 있었습니다. 그는 어렸을 때부터 고선지와 형제처럼 자랐기 때문에 고선지의 권세를 믿고 거만하게 군 것입니다. 봉상청은 법에 따라 그를 엄하게 처벌했습니다. 고선지의 부인과 유모가 말려도 소용없었습니다. 나중에 이 사실을 알게 된 고선지는 매우 놀라고 슬퍼했지만, 봉상청을 꾸짖지 않았다고 합니다. 그만큼 군대의 규율이 중요하다고 여겼고 봉상청을 깊이 신뢰했기 때문입니다.

 **톈산 산맥**

중국 서남부에 위치한 산맥으로, '하늘까지 닿을 듯한 높은 산맥'이라는 뜻입니다. 높이 3천6백~4천 미터, 길이 2천 킬로미터, 너비 4백 킬로미터에 이르는 큰 산맥입니다. 우리나라에서 가장 높은 백두산이 2,744미터, 한라산이 1,950미터인 것과 비교해 보면 얼마나 높은지 알 수 있습니다. 톈산 산맥의 남쪽과 북쪽의 기슭에는 여러 산악 국가가 생겨났습니다. 톈산 산맥 북쪽과 남쪽을 지나는 실크로드가 발달해서 여러 오아시스 왕국에 연결되었습니다. 톈산 산맥의 북쪽 길을 '톈산북로', 남쪽 길을 '톈산남로'라고 합니다.

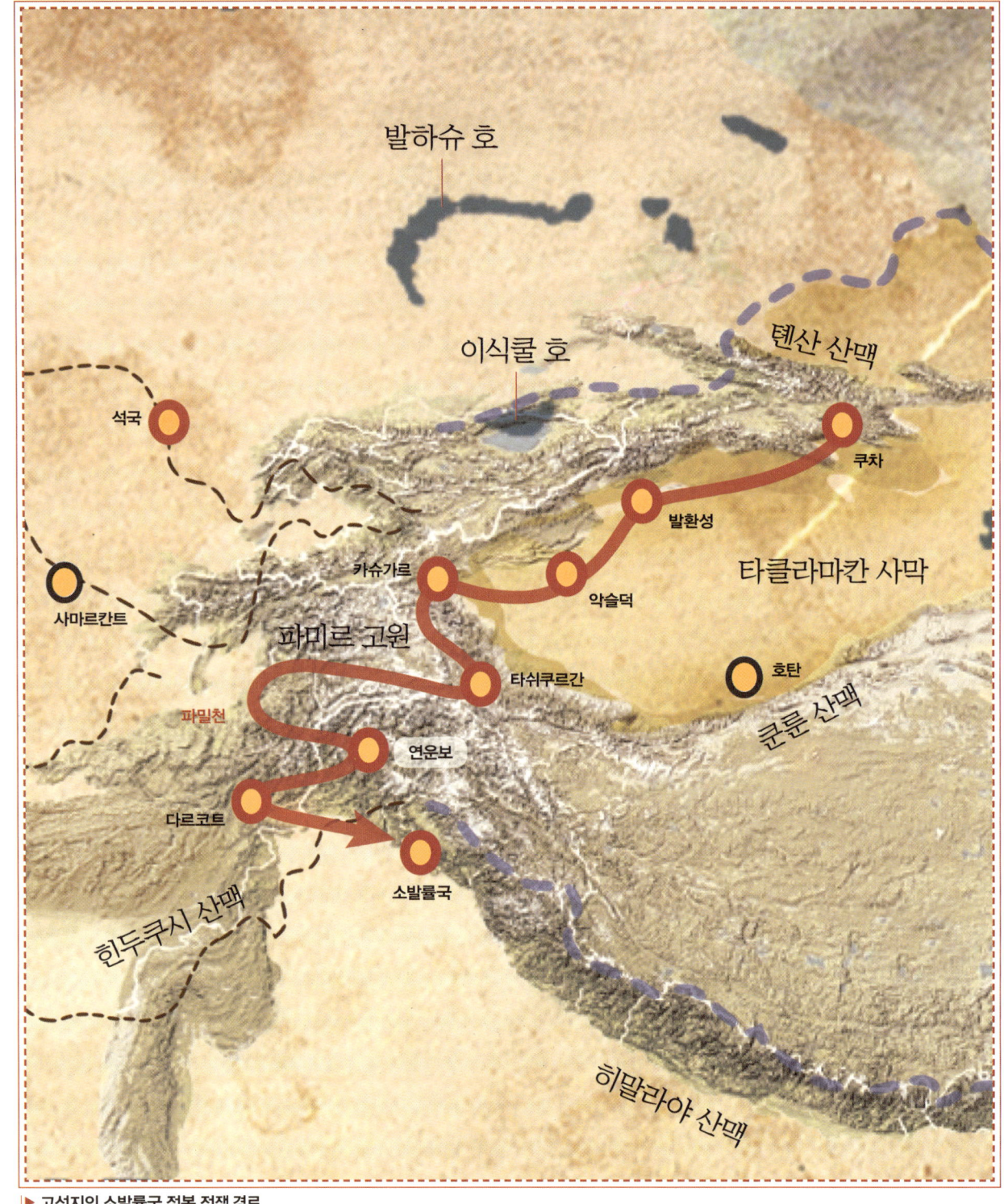

▶ 고선지의 소발률국 정복 전쟁 경로

2장 드디어 시작된 실크로드 정벌

당나라는 이민족들과 끊임없이 전쟁을 치뤄야 했습니다. 특히 티베트는 세력을 확대해 주변국들을 점령하고 당나라를 위협하고 있었습니다. 고선지는 당나라에서 중요한 장군이었습니다. 티베트를 정복하기 위해 길을 떠난 고선지. 그 앞에는 험난한 산맥이 가로막고 있었습니다. 그러나 고선지 장군에게는 문제되지 않았습니다. 그는 앞으로 전진해 나갔습니다.

[장안의 봄]

당나라는 실크로드를 통해 여러 나라와 교류하면서 화려한 문화를 발전시켜 나갔습니다. 특히 서역으로 지배권을 넓혀 번영을 누릴 수 있었습니다.

당나라의 수도 장안은 서아시아의 소그디아나와 실크로드로 연결되면서 동서양의 문물과 사람들이 모여드는 국제도시가 되었습니다. 많은 소그드인, 대식국인, 신라인, 일본인이 장안 거리를 누비고 다녔습니다. 특히 서역풍의 옷이나 음식이 당나라 사람들에게 크게 유행했습니다.

소그디아나
고대 페르시아의 지역 이름으로 현재 우즈베키스탄과 타지키스탄에 속해 있다. 예로부터 실크로드 무역이 활발해 크게 번성했다.

여자들은 얼굴에 하얀 분을 바르고, 눈꺼풀에는 파란 가루를, 볼에는 붉은 연지를, 입술에는 검은색 화장품을 발랐습니다. 남자들은 선명한 색의 비단 옷과 모자로 잔뜩 멋을 냈습니다.

봄에는 유채꽃, 살구꽃, 모란꽃, 장미꽃이 만발한 가운데 서역풍으로 화려하게 차려입은 사람들이 거리를 가득 메웠습니다. 귀족 자제들은 은 장식품으로 치장한 말을 타고 꽃잎이 흩날리는 장안 거리를 거닐며 가는 봄을 아쉬워했습니다. '호희'라고 불리는 서역 미인들은 방울이 달린 얇은 비단옷을 입고 춤을 추었고, 거리 곳곳에서는 서역의 노래가 들려왔습니다.

장안은 현종 황제 때 가장 번성했습니다. 현종은 여러 번 죽을 고비를 넘기고 겨우 황제가

▶ **당삼채**
당삼채는 당나라 때 삼채 유약을 사용해 만든 도기다. 주로 장안과 뤄양 귀족들이 장례용으로 만들었다. 당나라 시대의 귀족의 생활을 엿볼 수 있다.

▶ 둔황의 실크로드 여행자들
고선지가 돌기시와의 전쟁에 승리함으로써 당나라는 서역으로 땅을 넓히게 된다. 실크로드를 따라 문물이 교환되었고 장안에도 다양한 민족이 드나들었다.

되었습니다. 그는 정치를 잘하여 혼란스러웠던 당나라를 안정시키고 서역까지 국경을 넓혔습니다. 백성들은 태평성대가 왔다면서 황제를 칭송했습니다. 현종은 모든 것을 다 얻은 듯 나태해졌습니다. 그때 그의 인생을 바꾸어 놓은 두 사람을 만나게 되었습니다. 한 명은 안녹산이라는 장수였고, 또 한 명은 양귀비라는 여인이었습니다. 이들과 현종의 만남은 훗날 고선지의 운명에도 큰 영향을 미쳤습니다.

당 현종의 '개원의 치'

현종은 중국 최초의 여자 황제였던 측천무후의 손자로 당나라 제6대 황제의 자리에 올랐습니다. 그는 양귀비에게 빠져 정치를 멀리한 무능한 황제로 알려져 있습니다. 그러나 이는 말년의 모습이고, 젊은 시절에는 정치에 힘써 당나라를 부강하게 만들었습니다. 현종이 다스린 시기 중에서 정치를 잘했던 713년부터 741년까지 28년간을 '개원의 치'라고 합니다. '개원'은 현종 황제의 연호이고, '치(治)'는 '다스림'을 말합니다. 이 시기 현종은 요숭, 송경 등 현명한 재상을 기용하여 나라를 안정시키고 영토를 넓혔습니다. 그는 농업 발전에 힘을 기울여 식량 생산을 크게 증가시켰고, 당시 물가가 저렴하고 상인들이 장사하기에도 안전하여 경제는 크게 발전했습니다. 당나라 초기에 비해 현종이 다스리던 시기에는 인구가 두 배 이상 늘어났습니다.

▶ 현종

안녹산은 고선지와 마찬가지로 당나라의 국경을 지키던 무사였습니다. 고선지가 당나라의 서쪽 국경을 지켰다면 안녹산은 동북쪽 국경을 지켰습니다. 나이도 고선지와 비슷했습니다. 그는 소그드인 아버지와 돌궐인 어머니를 둔 서역 출신으로, 고선지가 그랬던 것처럼 당나라 군대에 들어가 공을 세우면서 출세했습니다. 그가 처음 현종을 만난 것은 전쟁에서 크게 패하고 죄인으로 장안에 갔을 때였습니다. 현종의 결정에 따라 안녹산은 죽을 수도 살 수도 있었습니다. 그런데 안녹산을 본 현종은 그가 마음에 들었습니다.

안녹산은 180킬로그램 정도의 거대한 몸집을 가진 사내였습니다. 뱃살이 얼마나 늘어졌는지 말을 탈 때면 처진 뱃살을 올려놓을 안장이 따로 필요할 정도였습니다. 그러나 겉보기와 달리 호선무라는 서역의 춤을 출 때는 번개처럼 재빨라서 현종을 즐겁게 했습니다. 그뿐 아니라 머리도 무척 좋았습니다. 6개 국어를 자유롭게 말할 수 있었고, 전략을 짜는 데도 능했습니다. 꾀도 많아서 현종의 마음에 드는 말과 행동만 골라서 했습니다. 하루는 현종이 안녹산의 배를 가리키며 물었습니다.

"너의 그 불룩한 배에는 무엇이 들었느냐?"

안녹산은 능청스럽게 대답했습니다.

"이 속에는 폐하를 향한 충성심만 가득 들어 있사옵니다."

유주
지금의 베이징 지역. 당시 중국의 북쪽 국경을 지키는 요지였다.

도사
도교를 믿고 수행하는 사람.

현종은 크게 웃으며 즐거워했습니다. 죄를 용서 받고 유주로 돌아간 안녹산은 다시 군인으로서 공을 세워 나갔고, 기회가 있을 때마다 장안으로 가서 현종의 마음을 사로잡으려고 노력했습니다. 안녹산은 현종의 신임을 받으며 점점 지위가 높아져 갔습니다.

이때 안녹산만큼, 아니 그보다 더 현종의 마음을 뒤흔든 이가 있었습니다. 바로 양귀비였습니다. 현종은 아들의 아내였던 양귀비를 보고 한눈에 반해 예순에 가까운 나이에도 양귀비를 곁에 두기 위해 수단과 방법을 가리지 않았습니다. 그는 아들을 먼 지방으로 보내 버리고 그 틈에 양귀비를 도교 사원에 보내 도사로 만들었습니다. 도사가 되

▶ **개원통보(開元通寶)**
당나라 건국을 기념하기 위해 만든 동전으로 실제로 사용되지는 않았다.

었으니 이제 더 이상 며느리가 아니라고 우기기 위해서였습니다. 그리고 황궁 안에 도교 사원을 짓고 양귀비를 불러왔습니다.

　현종은 양귀비에게 푹 빠졌습니다. 양귀비는 통통한 몸매에 뽀얀 피부를 가진 미인이었습니다. 춤과 노래를 잘할 뿐 아니라 머리도 총명해서 현종의 마음을 잘 알아차렸습니다. 현종은 양귀비와 함께 지내느라 나랏일은 돌보지 않았고 양귀비의 친척들과 간신들, 환관들이 마음대로 휘둘렀습니다. 그들은 충신들을 쫓아내고 더 큰 이득을 얻기 위해 온갖 나쁜 일을 벌였습니다.

　국경에서는 이민족의 침입이 끊이질 않았고 당나라 백성들의 삶은 점점 더 힘들어졌습니다. 장안의 봄은 점점 저물어 가고 있었습니다.

▶ **장안의 성벽**
장안은 중국 산시 성 시안의 옛 이름이다. 사진은 장안 성 성벽 망루의 모습이다.

[가자, 소발률국으로!]

현종이 장안에서 양귀비에게 빠져 나랏일은 뒷전일 때, 고선지는 잠을 이루지 못하고 있었습니다. 소발률국과 주변 나라들의 움직임이 심상치 않다는 첩자의 보고를 들었기 때문입니다. 깊은 밤, 고선지가 정원을 서성이며 생각에 잠겨 있을 때 누군가 다가오는 발걸음 소리가 들렸습니다.

> **소발률국**
> 현재 파키스탄 북부 카라코룸 산맥에 위치했던 나라로 길기트라고도 했다. 원래 '발률'이라는 나라였는데, 티베트의 침략을 받은 후 '대발률'과 '소발률'로 나뉘었다.

"선지야, 잠이 안 오는 모양이구나."
"아버님께서는 이런 늦은 시간까지 어찌 주무시지 않고……."
"오늘은 유난히 달이 밝구나. 이런 밤에는 생각이 많아지지."

고선지는 문득 아버지 고사계를 바라보았습니다. 아버지의 머리카락과 수염은 달빛에 더욱 하얗게 빛나고 있었습니다.

"예전에 우리가 쿠차로 오던 때가 생각나느냐? 모래폭풍이 불어 죽을 뻔했던 그날 밤도 이렇게 달이 밝았지."

고선지는 목이 메어 왔습니다. 그로부터 오랜 세월이 흘러 소년은 어엿한 장군이 되었고, 과거의 장수는 수염이 하얀 할아버지가 되었습니다. 고선지는 아버지를 찬찬히 보았습니다. 이마의 깊게 패인 주름과 구부정한 등을 보면 영락없는 노인이지만, 여전히 날카롭게 빛나는 눈동자에서는 벌판을 달리던 무사의 당당한 패기가 느껴졌습니다.

"그 후로도 우리는 수많은 전쟁터에서 살아남았지. 너에게 용감한 고구려 전사의 피가 흐르고 있다는 사실을 잊지 말거라."

고선지는 아버지의 손을 잡아 드렸습니다. 평생 고구려의 혼을 지키며 살아온 아버지의 꼿꼿한 자부심을 이제는 잘 알기 때문이었습니다.

"소발률국 움직임이 심상치 않다는 보고를 들었습니다."

아버지는 고개를 끄덕였습니다.

"역시 그렇구나. 7년 전에 소발률국 왕이 티베트 공주와 결혼하면서 당을 배신하고 티베트에 충성을 맹세하지 않았느냐?"

"그렇습니다. 하지만 최근 들어 티베트의 세력이 무섭게 커지고 있습니다. 소발률국 주변 나라들도 티베트 편에 서려는 움직임이 보여 걱정입니다."

"당에게는 큰 위험이구나. 티베트와는 곧 전쟁을 하게 되겠지."

두 부자는 잠시 말없이 생각에 잠겼습니다. 쉽지 않은 전쟁이 되리라는 예감이 동시에 들었기 때문입니다.

▶ 포탈라 궁
송첸캄포 왕 시기에 만든 포탈라 궁은 현재 티베트의 종교 지도자인 달라이 라마의 궁전으로 사용되고 있다.

그로부터 얼마 지나지 않아 당나라 조정은 회의를 열어 소발률국을 공격하기로 결정했습니다. 당나라가 실제 공격 목표로 삼은 나라는 소발률국을 조종하고 있는 티베트였습니다. 소발률국을 비롯한 서역 나라들이 티베트의 영향 아래에 들어가는 것을 더 이상 두고 볼 수 없었기 때문입니다.

세 명의 안서절도사가 티베트를 공격했지만 모두 실패했습니다. 고민하던 현종은 고선지를 떠올렸습니다. 달해부 전투에서 거둔 승리 덕분에 그의 명성은 장안에까지 알려져 있었습니다. 현종은 고심 끝에 고선지를 전투 책임자로 정했습니다. 그를 특별 총사령관으로 임명하고 1만 명의 병사를 내렸습니다.

고선지는 먼저 전략을 치밀하게 세우기로 했습니다. 티베트가 돕고 있기 때문에 쉽지 않은 전쟁이 될 것입니다. 특히 험한 계곡을 넘어야 했기 때문에 미리 작전을 짜지 않으면 또다시 패배할 것이 불을 보듯 뻔했습니다. 고선지는 실크로드를 지나는 상인을 만나서 소발률국 주변 지역의 정보를 얻기 위해 쿠차의 시장에 갔습니다.

티베트의 전성기

티베트 고원에 살고 있던 티베트 민족이 중국 역사서에 등장하는 것은 7세기 초 티베트 왕국을 세우면서부터입니다. 당시 중국에서는 이 왕국을 '토번'이라고 불렀습니다. 629년 즉위한 송첸캄포 왕이 즉위한 후 티베트는 전성기를 맞았습니다. 송첸캄포 왕은 티베트를 통일하고 정치 체제를 정비했으며 티베트 문자를 만들었습니다.

송첸캄포 왕은 당나라 태종의 딸 문성공주를 아내로 맞아들이고 당나라로부터 불교와 여러 제도·문물을 받아들여 나라를 부강하게 만들었습니다. 7세기에서 9세기까지 티베트는 전성기를 누리며 실크로드의 지배권을 놓고 당나라와 경쟁했습니다.

쿠차의 시장은 여전히 활기가 넘쳤습니다. 쿠차 고성의 성벽 아래에 펼쳐진 시장에는 세계 여러 나라에서 온 상인들이 장사판을 벌였습니다. 중국인 상인들은 장안에서 가져온 알록달록한 도자기, 부드러운 비단 옷감들을 펼쳐 놓고 손님을 끌었습니다.

소그드 상인들은 멀리 대식국까지 가서 구해 온 진귀한 물건들을 팔았습니다. 푹신한 양탄자, 투명하고 푸른 유리잔, 홀릴 듯이 아름다운 소리가 나는 비파, 정향과 육두구 같은 향신료들…….

군인처럼 보이지 않기 위해 평상복을 차려 입은 고선지는 시장을 둘러보며 물건을 사는 척했습니다. 파란 보석이 박힌 작은 칼을 만지작거리면서 주인인 소그드 상인에게 말을 붙였습니다.

소그드인과 실크로드 무역

소그디아나는 고대 페르시아 제국의 한 지역이었습니다. 현재 우즈베키스탄과 타지키스탄, 이란 일대를 포함합니다. 사마르칸트, 부하라 등 유명한 실크로드 도시가 발달했습니다. 원주민을 소그드인이라고 하는데, 이들은 일찍부터 동서 교역의 무역상으로 활동했습니다. 이들은 장안을 비롯해, 투루판, 하미, 둔황 등 실크로드 중심지 곳곳에 집단 거주지를 만들었습니다. 그리고 서로 정보를 주고받으며 실크로드의 무역을 장악했습니다. 실크로드를 오가는 사람들은 소그드인들을 만나 세상 돌아가는 이야기에 대해 들었습니다.

▶ 베제클리크 벽화의 소그드 상인

▶ 카슈가르 시장
실크로드의 주요한 교역지였던 카슈가르에는 매일 바자르가 열렸다. 바자르는 이슬람 말로 시장이라는 뜻이다. 바자르를 통해 중앙아시아로 문물이 전해졌다.

"이 칼, 참 좋은 물건이군요. 대식국에서 가져왔습니까?"

고선지가 중국어로 말을 걸자 소그드 상인도 유창한 중국어로 대답했습니다. 장사 수완이 뛰어난 소그드 상인 대부분은 소그드어, 아랍어, 중국어 등을 할 줄 알았습니다.

"그럼요, 손님. 카슈가르에 들어온 대식국인에게서 사 가지고 온 겁니다. 아주 예쁘죠? 대식국에서도 왕족들에게나 파는 귀한 물건이랍니다."

고선지는 이때다 싶어 말을 했습니다.

"대식국인들은 카슈가르에 어찌 들어왔답니까? 소발률국을 지나야 올 수 있을 텐데, 요즘 소발률국을 지나는 길은 티베트 병사들이 막고 있다던데요."

"그게, 아무래도 힘들죠. 그래도 장사꾼들이야 어딘들 못 가겠습니까. 대식국 장사꾼들은 오가기가 쉬운 모양입니다. 요즘 대식국이 티베트와 좋은 관계를 맺고 있으니 길을 터주는 게죠. 저도 예전에는 소발률국을 지나다녔습니다만 요즘에는 힘들더라고요."

고선지는 능청스럽게 소그드 상인 옆에 털썩 앉았습니다.

"이 칼, 우리 어르신께서 아주 좋아하실 듯합니다. 그런데 소발률국에 가 보았다고요? 소문대로 가기 힘든가요?"

소그드 상인은 고선지가 비싼 칼을 살 것처럼 굴자, 신이 나서 대답했습니다.

"소발률국에 가는 길은 매우 험난합니다. 여기서 수백 킬로미터나 떨어져 있어서 가는 데만 몇 달이 걸리지요. 게다가 구름을 뚫고 하늘 높이 솟은 봉우리를 두 개나 넘어야 해요. 눈과 얼음이 쌓인 산길에서 죽은 사람도 많답니다."

고선지는 칼을 사서 자리를 떴습니다. 그리고 다른 상인들을 만나서 비슷한 질문을 했고, 비슷한 답을 들었습니다. 예상보다 더 힘든 원정이 될 것 같았습니다.

1만 명의 군사가 사막을 지나고 험한 산길을 무사히 지날 수 있을까? 식량이 떨어지면 어떻게 할까? 소발률국에 도착할 즈음이면 지쳐서 싸울 힘도 없는 게 아닐까?

고선지는 고민에 빠졌습니다. 하지만 반드시 해내야 했습니다. 그는 마음을 가다듬었습니다. 그러던 어느 날 병영을 둘러보던 고선지는 병사들이 훈련하는 모습을 보았습니다. 병사들 중에는 말을 타고 싸우는 기병도 있고, 걷고 뛰며 싸우는 보병도 있었습니다. 보병들이 땅 위를 구르며 무술 연습하는 모습을 지켜보던 고선지는 문득 이런 생각이 들었습니다.

'보병들이 걸어서 사막과 산을 넘으려면 얼마나 힘들까? 식량들을 다 어떻게 짊어지고 갈 수 있을까? 아, 만약 병사 모두 말을 타고 간다면 식량도 더 많이 가져갈 수 있고, 더 빨리 갈 수 있겠군!'

문제는 그 많은 병사들의 말을 어떻게 준비하는가 하는 것이었습니다. 여윳돈이 있는 병사들은 말을 구했지만, 가난한 병사들은 그럴 수 없었습니다. 고선지는 포기하지 않았습니다. 그리고 쿠차의 당나라 귀족과 상인들을 만나 제안했습니다.

"서역 길이 트여야 여러분들도 장사가 될 게 아니겠소? 우리 안서군 모두가 말을 살 수 있도록 도와줘 전쟁에서 이긴다면 결국 여러분에게도 이득이 될 것이오."

귀족과 상인들은 고선지의 말에 고개를 끄덕였습니다. 실크로드가 이대로 티베트에 의해 막혀 버린다면 그들도 장사로 돈을 벌기 어려워질 테니까요.

▶ 당나라 기병

　마침내 고선지의 1만 대군은 모두 말을 마련하고 먼 길을 떠날 채비를 갖추었습니다. 오랜 시간 동안 상하지 않는 마른고기 같은 식량을 준비하고, 말 사료도 충분히 챙겼습니다.
　장수들은 갑옷을 다시 튼튼히 꿰매어 입고, 병사들은 칼과 창을 날카롭게 만들었습니다. 이제 드디어 진군입니다. 저 멀리 소발률국으로!

[파미르 고원의 정복자]

747년 봄, 고선지와 1만 대군은 쿠차를 떠나 파미르 고원으로 출발했습니다. 소발률국으로 가는 첫걸음은 사막에서 시작됩니다. 병사들은 지치지 않도록 천천히 사막을 지나갔습니다.

40여 일이 지났을 때 고선지 군대는 카슈가르에 도착했습니다. 카슈가르는 톈산 산맥의 북쪽 길과 남쪽 길이 만나는 중요한 교통의 요지였고 큰 시장이 있는 오아시스 도시이자, 안서 4진의 하나였습니다.

고선지는 이곳에서 병사들이 충분히 쉬도록 했습니다. 이제부터는 험하기로 악명 높은 파미르 고원을 넘어야 하기 때문입니다. 얼마나 힘든 길이 될지 알 수 없습니다.

파미르 고원은 한 여름에도 눈이 쌓여 있는 곳입니다. 그만큼 높고, 길은 험난합니다. 높은 산길을 오르면서 머리가 아프고 구역질을 하거나 눈이 잘 안 보이는 병사들이 점점 늘어 갔습니다. 높은 산에 올라갈 때 생기는 고산증이었습니다. 고선지는 병사들이 지치지 않도록 독려했습니다. 어렵사리 고선지 군대는 파미르 고원을 흐르는 강에 도착했습니다. 이제 조금만 더 가면 티베트군이 지키는 요충지, 연운보입니다.

고산증
3천 미터 이상의 산지에 오를 때 생기는 병. 호흡이 곤란하거나 머리가 아프고, 구역질이 나는 증상이 생긴다.

연운보
아프가니스탄 사르하드 마을에 있는 와칸 계곡에서 6백 미터를 더 올라가면 있다. 칸시르 성이라고도 불렀다.

파미르 고원

중앙아시아 동남쪽에 있는 고원으로, 현재 타지키스탄을 비롯하여 중국, 인도, 아프가니스탄 등에 걸쳐 있습니다. 티베트 고원과 히말라야, 카라코룸, 쿤룬, 톈산 산맥 등이 모여 이룬 것으로, '세계의 지붕'으로 불립니다. 평균 높이는 6천1백 미터 이상이지만 고원 밑바닥에서 잰 상대적인 높이는 대개 1천~1천8백 미터를 넘지 않습니다. 파미르 고원은 실크로드를 지나는 상인들과 구법승들이 오가는 길이기도 했습니다.

한편 티베트군은 성 위에서 고선지 부대의 움직임을 지켜보고 있었습니다. '앞에 나간 부대가 다 죽어야 그 다음 부대를 보낸다'는 말이 있을 정도로 티베트군은 사납고 용맹했습니다. 이들은 연운보에 진을 치고 당나라 군대를 기다렸습니다. 연운보는 깎아지른 듯 높은 절벽 위에 세워진 산성이었습니다. 성 아래로는 몸을 숨길 나무 한 그루 없는 평지에 강이 흐르고 있어서 적의 접근이 한눈에 보였습니다. 이 연운보를 지나야 소발률국으로 갈 수 있습니다.

그런데 티베트군의 예상과 달리 당나라 군대는 갑자기 서쪽으로 방향을 바꾸어 시그닉국으로 갔습니다. 석 달이 넘는 여정 동안 병사들은 너무 많이 지쳐서 전쟁을 치를 힘이 없었습니다. 식량도 거의 떨어져 갔습니다. 고선지는 일단 시그닉국에 들러서 휴식을 취해 힘을 보충하는 것이 좋다고 생각한 것입니다. 티베트군은 코웃음을 쳤습니다.

시그닉국
현재 타지키스탄 쉬그난 지역에 있던 작은 나라로 소발률국의 서북에 위치했었다.

"아무리 그래봤자 소용없지. 어차피 연운보는 오르지도 못할 것이다!"

때마침 비가 많이 와서 강물이 늘어난 것도 티베트군에게는 행운이었습니다. 물이 빠지기 전까지 당나라 군대가 섣불리 공격하지 못할 것이라 생각했기 때문입니다. 그러나 티베트군이 몰랐던 사실이 있었습니다. 바로 당나라 군사를 이끄는 장군이 고선지라는 사실입니다. 고선지는 티베트군이 이전까지 싸워 이겼던 당나라 장군들과는 다른 전략을 짰습니다.

▶ 타지키스탄

　시그닉국을 출발한 고선지는 군사를 세 부대로 나누고, 세 갈래 길에서 연운보를 공격하도록 명령했습니다. 고선지가 이끄는 첫 번째 부대는 중간에 숨어 있던 티베트군을 공격하며 나아갔습니다.

　마침내 미리 계획한 대로 연운보 앞 강가에 세 부대가 모였습니다. 하지만 강물이 너무 불어나 있어서 건널 수가 없었습니다. 병사들은 섣불리 나서지 못하고 머뭇거리고 있었습니다. 고선지는 강의 신에게 제사를 지내기로 했습니다. 그는 강가에 병사들을 모이게 하고는 소, 돼지, 양을 제물로 올려놓고 큰 소리로 부르짖었습니다.

"적들을 물리칠 수 있도록 물길을 열어 주소서!"

하지만 병사들은 여전히 불안해했습니다. 과연 강의 신이 당나라 편이 되어 줄까요? 고선지는 병사들을 이끌고 강 아래쪽으로 향했습니다. 어느새 밤이 되었습니다. 달이 지고 아직 해가 뜨지 않아 세상이 온통 깜깜한 시각, 고선지는 병사들에게 명령을 내렸습니다.

"지금부터 강을 건넌다! 식량은 3일치만 말에 싣고 모두 버려라!"

병사들은 깜짝 놀랐습니다. 지금 강을 건너면 모두 죽을 수도 있는 상황이었습니다.

"장군이 미쳤나 봐. 지금 저 깊은 물에 들어갔다가는 살아남지 못할 거야!"

고선지는 조금도 망설이지 않고 먼저 강으로 뛰어 들었습니다. 놀랍게도 강물의 수심은 얕아져 있었습니다. 물은 고선지의 허리 아래에서 찰랑거릴 뿐이었습니다. 이 모습을 보고 힘을 얻은 병사들도 고선지의 뒤를 따라 강을 건넜습니다. 고선지는 이처럼 먼저 나서서 병사들의 사기를 북돋았습니다.

모든 것이 계획대로였습니다. 당나라 군대는 해가 뜨기도 전에 연운보가 있는 절벽 아래에 도착했습니다. 고선지는 조용히 손짓으로 공격 명령을 내렸습니다.

새벽 햇살에 세상이 환하게 드러났습니다. 연운보 성루를 지키던 티베트 병사는 이상한 낌새에 잠에서 깼습니다. 무심코 아래를 내려다본 그는 믿을 수 없는 광경에 놀라서 고함을 치기 시작했습니다.

"당나라 군대다! 당나라 군대가 성벽을 기어 올라온다!"

잠에서 덜 깬 티베트군이 허겁지겁 활과 화살, 투석기를 챙겨 나섰지만 때는 이미 늦었습니다. 많은 당나라 병사가 성에 올라와 있었습니다. 이쪽에서는 칼과 창이 부딪쳐 피가 튀고, 저쪽에서는 티베트군이 쏘아 내리는 화살과 돌이 어찌나 많은지 하늘이 보이지 않을 정도였습니다. 하지만 전세는 이미 당나라 군대 쪽으로 기울었습니다. 티베트군은 거의 전멸했고, 살아남은 자들은 소발률국으로 도망쳤습니다. 정오가 되기 전에 연운보는 함락되었습니다. 당나라 병사들의 함성이 온 천지를 뒤흔들었습니다.

"고선지 장군, 정말 훌륭하오! 장군의 놀라운 공적을 황제 폐하께 말씀드려 큰 상을 내리도록 하겠소."

군사감독관 변영성은 흐뭇한 미소를 지으며 고선지를 칭찬했습니다. 변영성은 고선지가 군대를 잘 통솔하는지 감시하기 위해 황제가 보낸 관리였습니다.

"이제 티베트도 우리 당나라의 무서움을 알았겠지. 이제 당나라로 돌아가는 일만 남았군."

힘든 여정에 지쳤던 군사감독관은 전쟁이 끝났다는 안도감에 기분이 좋았습니다. 그러나 고선지의 생각은 달랐습니다. 그는 단호하게 말했습니다.

"지금 돌아간다면 티베트군은 다시 우리 뒤를 공격할 겁니다. 원래 목표대로 소발률국을 공격해야 합니다."

군사감독관의 낯빛이 어둡게 변했습니다. 여기까지 오는 것도 힘들었기 때문에 또다시 고생길에 나서고 싶지 않았습니다. 게다가 소발률국으로 가는 길은 지금보다 더 험하다는 것을 생각하니 끔찍했습니다.

탄구령
힌두쿠시 산맥의 고개 중 하나로 해발 약 4천6백 미터나 되는 높은 고갯길이다. 이는 나폴레옹이 넘은 알프스 산보다 높다.

고선지는 무리해서 이들을 전부 데리고 가지 않기로 했습니다. 군사감독관을 비롯해서 허약하거나 다친 병사 3천 명은 연운보에 남도록 했습니다. 그리고 나머지 7천 명의 군사를 이끌고 바로 길을 떠났습니다. 빨리 움직여야 합니다. 그렇지 않으면 티베트군이 전열을 가다듬고 공격 채비에 나설 것입니다. 고선지 부대는 3일 만에 탄구령에 도착했습니다.

▶ 힌두쿠시 산맥

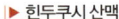

탄구령의 악명은 실크로드 상인들로부터 익히 들어 왔습니다. 눈보라가 몰아칠 때는 꼼짝도 못하고 무사하기만을 바라야 할 만큼 넘기 힘든 곳이었습니다. 날이 맑더라도 좁고 얼어붙은 고갯길은 미끄러웠습니다. 올라가기도 어려웠지만 내려가기는 더 어려웠습니다. 한 발만 잘못 내딛으면 까마득한 낭떠러지로 떨어지는 절벽 길이 약 16킬로미터나 이어져 있었습니다. 사람뿐 아니라 말도 지나기 어려운 길이었습니다. 병사들은 겁에 질려서 울부짖었습니다.

▶ **사막의 낙타**
고선지는 원정에 나서면서 말뿐 아니라 낙타를 이용해 물자를 싣고 사막을 지나갔다.

"장군, 저희를 어디로 데리고 가시려는 겁니까? 살려 주십시오!"

"이 길을 어떻게 지나갑니까? 도저히 못 갑니다!"

고선지는 때로는 병사들을 달래고, 때로는 엄하게 벌을 주었지만 이미 병사들의 사기는 땅에 떨어졌습니다. 지금 상황에서는 이 고개 너머에서 기다리고 있을 티베트군과 싸워 이길 수 없습니다. 충성스러운 봉상청마저도 다시 돌아가자는 뜻을 조심스럽게 내비추었습니다. 그러던 중, 저 멀리에서 색다른 옷을 입은 사람 몇 명이 나타났습니다.

"당나라 만세! 저희는 소발률국의 수도 아노월에서 왔습니다. 티베트로 가는 유일한 다리는 이미 끊어 버렸습니다."

당나라에게는 기쁜 소식이었습니다. 이 고개를 무사히 내려가기만 하면 전쟁에서 쉽게 이길 수 있을 것입니다. 당나라 군사들의 발걸음이 가벼워졌습니다. 사실 고선지의 작전이었습니다. 그는 병사들의 사기를 높이기 위해서 병사들 중 몇 명을 몰래 불러 소발률국 사람으로 변장하게 했습니다. 그리고 미리 앞서 가서 당나라 군대를 환영하는 척하도록 시킨 것입니다.

고선지가 예상한 대로 이 작전은 효과가 있었습니다. 예상보다 더 빨리 탄구령을 넘은 것입니다. 당나라 군대는 일주일도 안 되어 소발률국에 도착했습니다. 티베트군은 충격에 빠졌습니다. 당나라 군대가 그렇게 빨리 쳐들어올 것이라고는 전혀 생각하지 못했습니다. 그들은 물밀 듯 밀려오는 당나라 군대를 도저히 당해 낼 수 없었습니다. 소발률국의 왕과 왕비, 그리고 백성들은 허둥지둥 산으로 도망쳤습니다.

오랜 전투에서 필요한 식량

쿠차를 출발한 고선지 군대가 소발률국에 도착하기까지는 백 일이 넘는 오랜 기간이 걸렸습니다. 게다가 사막과 고원을 지나는 험한 길을 지나야 합니다. 먼 길을 가는 데 식량이 무거우면 움직이기 힘듭니다. 그래서 고선지 군대는 마른고기, 떡, 만두 등 건조식품을 말과 낙타에 싣고 길을 떠났습니다. 식량이 부족하면 행군하다가 잠시 머물렀던 지역에서 식량을 더 준비해서 길을 떠났습니다. 필요하면 사냥을 해서 먹을 것을 보충하기도 했습니다.

고선지는 병사들을 보내 티베트로 통하는 유일한 다리를 끊어 버리도록 명령했습니다. 아슬아슬하게 강 건너편에 티베트 지원군이 도착함과 동시에 다리가 끊어졌습니다.

티베트는 당나라에게 패배했다는 사실을 깨달았습니다. 다리를 다시 만들려면 일 년은 걸릴 것입니다. 소발률국의 왕과 왕비는 숨어 있던 동굴에서 나와 항복하고, 다시 당나라에 충성을 맹세했습니다. 고선지의 완벽한 승리였습니다.

전략의 천재, 고선지

고선지가 훌륭한 장수인 이유는 용맹하기 때문이기도 하지만 전략을 세우는 데 뛰어났기 때문입니다. 전략을 잘 세우기 위해서는 주변의 자연 현상과 지형, 아군과 적군의 심리 상태 등을 잘 파악하고 이용할 줄 알아야 합니다.

연운보는 탁 트인 평원이 한눈에 보이는 산성이어서 연운보를 공격하는 군대는 숨을 곳이 없습니다. 고선지는 불안해하는 병사들을 안심시키기 위해 강의 신에게 제사를 지내고, 신의 도움으로 무사히 강을 건너는 것처럼 했습니다. 또한 적에게 들키지 않기 위해 일부러 달이 지는 3시부터 해가 뜨는 5시 사이에 강을 건넜습니다. 어떤 계곡은 강폭이 일정하지 않아서 강물의 양과 흐르는 속도가 달라지는데, 고선지는 미리 그것을 계산해 병사들을 인도했습니다.

▶ 카라코룸 산맥
세계에서 가장 높은 산계의 하나로 평균 고도가 약 6천1백 미터이며 7천9백 미터가 넘는 봉우리가 네 개나 있다. 고선지 군대는 소발률국을 가기 위해 카라코룸 산맥을 넘었다.

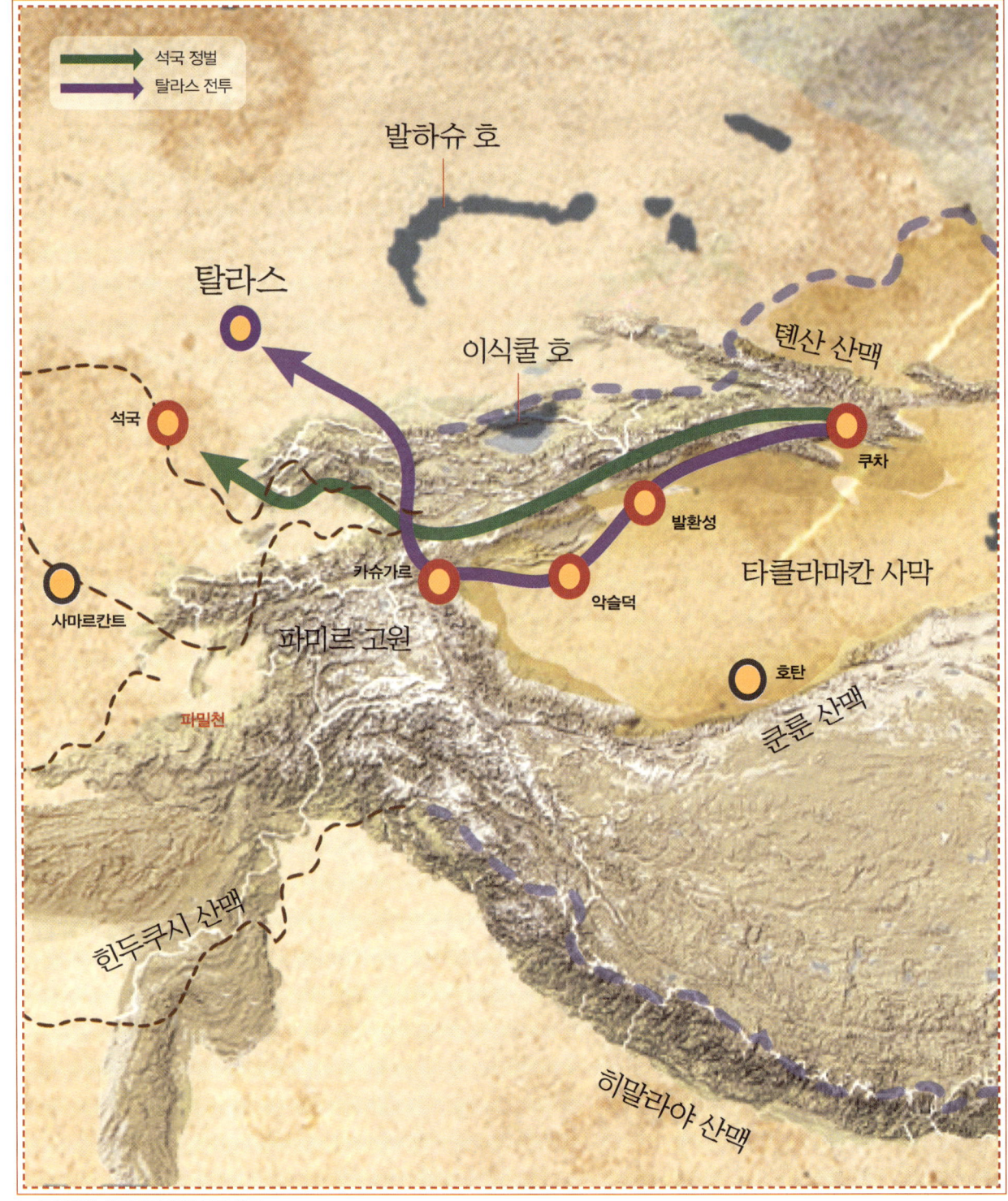
▶ 고선지의 실크로드 정복 전쟁 경로

3장 피할 수 없는 운명

티베트에게 승리를 거두고 실크로드의 주인이 된 고선지는 최고의 전성기를 맞이했습니다. 하지만 여전히 주변 나라들이 당나라를 위협했습니다. 고선지는 또다시 원정에 나섭니다. 그 앞에는 지금까지와 다른 위험이 기다리고 있었습니다.

[안서절도사에 임명되다]

고선지가 파미르 고원을 넘어 소발률국을 정복한 후 서역의 지배권은 티베트에서 당나라로 넘어갔습니다. 서역 72개 나라가 당나라에 항복하고 조공을 바쳤습니다. 고선지는 당나라에서 가장 유명한 장군이 되었습니다. 그런데 고선지의 명성이 높아져 갈수록 그를 시기하는 사람들도 많아졌습니다. 뜻밖에도 가장 먼저 고선지를 비난하고 나선 사람은 부몽영찰이었습니다. 그는 전쟁에서 이기고 돌아온 고선지를 보자마자 버럭 소리를 질렀습니다.

"이런 건방진 고구려 노예 놈! 누구 덕에 네가 이렇게 높은 지위에 올랐더냐?"

승리를 축하해 줄 거라고 믿었던 상관이 도리어 화를 내자 고선지는 깜짝 놀랐습니다.

"물론 부몽영찰 어르신입니다."

부몽영찰의 노여움은 가라앉지 않았습니다.

"그걸 아는 놈이! 개똥 같은 고구려 놈! 감히 나를 우습게 만들었겠다!"

부몽영찰이 화를 낸 것은 작은 사건 때문이었습니다. 고선지가 소발률국을 정복한 후 부몽영찰을 거치지 않고 현종에게 직접 보고서를 보냈기 때문입니다. 현종은 고선지에게 임시로 부몽영찰과 같은 절도사 지위를 주었기 때문에 고선지가 황제에게 직접 보고서

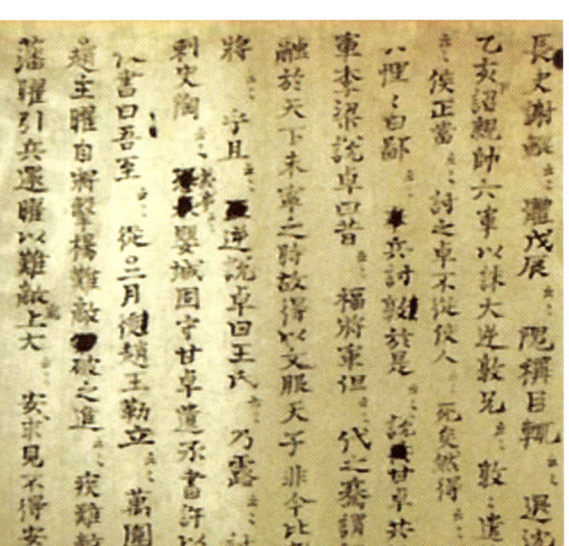

▶ 북송 때 사마광이 지은 『자치통감』의 일부
이 책에 부몽영찰이 고선지에게 "개똥 같은 고구려 놈"이라고 한 것이 기록되어 있다.

를 올린 것은 잘못이 아니었습니다. 부몽영찰은 고선지가 예상외로 큰 승리를 거두자 불안했던 것입니다. 부몽영찰은 고선지를 그대로 두었다가는 자신보다 더 높은 지위에 오를 수도 있을 것이라고 생각했습니다. 그는 고선지를 모함해서 죽이려고 했습니다. 위기에 처한 고선지를 구해 준 사람은 소발률국 정벌 때 따라왔던 군사감독관이자 환관인 변영성이었습니다. 그는 황제에게 고선지의 억울함을 알렸습니다.

"폐하, 고선지 장군이 큰 공을 세우고도 죽을 위기에 처해 있습니다!"

황제는 고선지의 공을 인정했습니다. 부몽영찰 대신 고선지를 안서절도사로 임명하는 큰 상을 내렸습니다. 그럼에도 불구하고 고선지가 거느린 한족 장수들 중에서 그의 명령을 듣지 않는 이들이 생겨났습니다.

> **한족**
> 중국의 여러 민족 중에서 가장 많은 수를 차지하고 중국의 중심을 이루는 종족. 중국 인구의 90%를 차지한다.

고구려 장군 고선지를 시기한 사람들

고선지가 공을 세우고 유명해지자 그를 견제하려는 사람들이 생겨났습니다. 그들은 고선지가 고구려 출신이라며 트집을 잡았습니다. 심지어 고선지의 부하들 중에도 상관인 그를 따르지 않는 이들이 생겨났습니다. 중국의 역사책 『구당서』 「고선지전」에서는 당시 상황을 이렇게 기록하고 있습니다.

'장군 정천리, 대장군 필사침, 관리 왕도, 강회순, 진봉충 등이 부몽영찰 앞에서 고선지를 헐뜯었다.'

이들은 대부분 한족 출신이었고 필사침처럼 서역 출신도 있었습니다. 필사침은 부몽영찰에게 고선지를 험담하다가 재물을 얻어 내려고 고선지에게 아부를 떨었습니다. 고선지는 필사침을 '오랑캐 놈'이라고 혼냈지만 그가 뉘우치자 재물을 주고 자기편으로 만들었습니다.

'고구려 노예 주제에 어찌 절도사에 오를 수 있단 말인가!'

일부 한족 장수는 고구려인 고선지를 상관으로 인정하지 않았습니다. 봉상청은 이들의 태도에 몹시 분노했습니다.

"장군, 저들을 어찌 그냥 두십니까? 군대의 기강이 흐트러집니다. 엄한 군령에 따라 벌하십시오!"

고선지는 껄껄 웃으며 말했습니다.

"자네, 내가 이런 일을 처음 겪는다고 생각하나? 저들을 어찌 다루어야 하는지는 이미 잘 알고 있네."

어느 날, 고선지는 장수 정천리와 마주쳤습니다. 그는 부몽영찰에게 고선지에 대한 악담을 하고 다니는 인물이었습니다. 고선지는 그의 어깨를 두드리며 부드럽게 말했습니다.

"천리! 자네는 사나이 중의 사나이가 아닌가. 그런데 요즘 하고 다니는 짓은 영 사내답지 못한 듯하네. 그래, 앞으로는 어쩔 셈인가?"

정천리는 뜨끔했습니다. 지금 고선지가 부드럽게 하는 말 속에 날카로운 경고가 담겨 있다는 것도 눈치챘습니다. 만약 다음에도 이런 일이 생기면 용서하지 않겠다는 뜻이었습니다. 정천리는 잘못을 뉘우치고 복종했습니다.

기회를 주었음에도 고선지를 계속 모함하는 부하들은 군대 법에 따라 엄하게 처벌했지만 잘못을 비는 자들은 용서해 주었습니다. 군대 내부의 소란이 정리되면서 군사들도 예전과 같이 고선지를 인정하고 존경하게 되었습니다. 또한 고선지는 전쟁에서 얻은 전리품과 황제가 내린 많은 재물로 부자가 되었는데, 그 재물

전리품
전쟁에서 이긴 대가로 적에게 빼앗아 오는 여러 가지 물건들.

들을 병사들과 가난한 이들에게 아끼지 않고 나누어 주었습니다. 그의 인품에 존경심은 점점 커져만 갔습니다.

고선지가 안서절도사로 실크로드를 지배하던 시기, 당나라는 크게 번영을 누렸습니다. 실크로드의 동쪽과 서쪽으로 많은 상인, 학자, 구법승이 오가며 활발하게 교류했고 찬란한 문화를 꽃피웠습니다. 바로 이때 서역 서쪽 세상에서는 역사를 바꿀 새로운 세력이 등장했습니다. 이때까지 새로운 세력의 등장이 고선지뿐 아니라 당나라, 더 나아가 세계의 운명을 바꾸게 되리라고는 아무도 알지 못했습니다.

사마르칸트의 우리 선조

사마르칸트 아프라시압 궁전 벽화에는 고구려인으로 보이는 두 사람의 그림이 있습니다. 소그디아나 왕을 만나러 온 여러 나라의 사신들 중에서 새의 깃털을 꽂은 모자를 쓰고 두 손을 소매에 넣은 자세를 취하고 있으며, 허리에는 손잡이 끝이 둥근 고리 모양을 한 칼을 차고 있는 두 사람(그림 중 동그라미 부분)이 고구려인으로 추정됩니다. 이 그림은 아주 오랜 옛날부터 우리 민족이 서역과 교류하고 있었음을 보여 주는 증거입니다.

▶ 사마르칸트 아프라시압 궁전 벽화 복원도

[석국을 정복하다]

　당나라가 실크로드의 동쪽에서 번성하고 있을 때, 이슬람 세계는 실크로드의 서쪽 끝에서 무서운 기세로 발전하고 있었습니다. 750년 새로운 왕조인 아바스 왕조가 세워진 후, 대식국은 수도를 바그다드에 두고 실크로드 동쪽으로 세력을 확장하기 시작했습니다. 그러나 대식국은 쉽게 실크로드를 넘보지 못했습니다. 바로 고선지 때문이었습니다. 대식국에서 고선지는 '중국 산맥의 왕'으로 불릴 만큼 유명했습니다.

　대식국과 당나라 사이에는 석국이라는 작은 나라가 있었습니다. 소그드인의 나라인 석국은 원래 당나라에 조공을 바쳤습니다. 그런데 서쪽의 대식국이 세력을 급속히 팽창하자 당나라를 배신하고

석국
당나라에서 우즈베키스탄 수도인 타슈켄트를 부르던 말. 석국은 동서를 잇는 실크로드의 교차 지점에 위치해 있어 일찍부터 중개 무역이 번성했다. '타슈'는 돌궐어로 보석을 뜻하는데 실제로 보석이 많이 생산되었다.

▶ **바그다드 전경**
현재 이라크 수도인 바그다드에 수도를 둔 대식국은 8세기 실크로드 발달과 함께 크게 번성했다.

대식국에 조공을 바쳤습니다. 석국 주위에 있는 아홉 개의 작은 나라들과 돌기시도 이슬람 세력과 우호적인 관계를 맺고 있었습니다. 당나라에게 좋지 않은 상황이었습니다. 티베트 공격에 승리한 지 얼마 되지도 않았는데, 이제 이슬람 세력의 도전을 받게 된 것입니다.

고선지는 첩자들과 실크로드의 상인들을 통해 석국과 대식국에 대한 정보를 속속들이 듣고 있었습니다. 그는 석국을 그대로 두면 안 되겠다고 생각했고 전투 준비에 들어갔습니다.

'지난 번 소발률국을 티베트가 조종하고 있었듯이 석국 뒤에는 대식국이 있어. 지금 저들의 관계를 끊어 놓지 못하면 당나라를 위협하게 될 거야.'

750년 12월, 고선지 장군은 석국 정벌에 나섰습니다. 쿠차에서 출발한 고선지 군대는 톈산 산맥을 넘고 평원을 달려 석국을 공격했습니다. 빠른 기습 작전은 성공했습니다. 석국은 순식간에 불태워졌고, 고선지는 석국 왕과 그 가족들, 돌기시의 카간을 포로로 잡았습니다. 그뿐만 아니라 석국의 푸른색 보석과 황금을 낙타에 가득 싣고 당나라로 돌아왔습니다. 고선지 장군의 명성이 다시 한 번 높아졌습니다.

한편 포로가 된 석국 왕은 황제가 있는 장안으로 보내졌는데, 당나라 조정에서 석국 왕을 처형한 사건이 일어났습니다. 석국 왕의 갑작스러운 처형으로 서역의 나라들은 큰 충격을 받았습니다. 보통 전쟁에 진 나라의 왕이 항복하면 살려 주기 때문입니다. 이때 장안으로 함께 잡혀 왔던 석국 왕의 아들은 가까스로 도망쳤습니다. 그는 서역의 여러 나라를 찾아다니며 억울함을 호소했습니다.

"당나라는 믿을 수 없고 잔인한 나라요! 여러분도 당나라에게 언제 당할지 모르오. 우리 모두 힘을 합쳐 당나라의 간섭에서 벗어납시다!"

서역의 왕들은 모두 그의 말에 동의했지만 그들은 작은 부족이었기 때문에 힘을 합쳐도 당나라에 대항하기 어렵다고 생각했습니다. 그들을 도와줄 더 큰 세력이 필요했습니다. 그때 그들에게 손을 내민 것이 바로 대식국이었습니다. 이들은 연합해 안서를 공격하기로 했습니다. 당나라에 또 한 번의 위기가 닥쳐오고 있었습니다.

이슬람 제국, 대식국

'대식국'은 아랍 지역을 통일한 이슬람 제국을 의미합니다. 한자로 '대식(大食)'이라고 쓰고 '타시'라고 읽는데, 이는 아랍어와 페르시아어로 무역상을 뜻하는 '타지르'에서 나왔다는 설이 유력합니다. 그 외에 옛날의 아랍 부족을 '타지'라고 불렀다는 설, 중국 영토를 너무 많이 빼앗아 먹어서 대식이라고 불렀다는 설 등이 있습니다. 대식국이라는 이름은 혜초 스님이 쓴 『왕오천축국전』에 처음으로 등장합니다. 유럽인들은 대식국을 '사막의 아들들'이라는 뜻의 '사라센 제국'이라고 불렀습니다.

당나라 때는 대식국에서 두 왕조가 교체되었습니다. 661년에 세워진 우마이야 왕조는 750년 아바스 왕조에게 멸망했습니다. 당나라에서는 두 왕조를 모두 '대식국'이라고 했는데, 입은 옷 색깔에 따라 우마이야 왕조를 '백의(하얀 옷)대식', 아바스 왕조를 '흑의(검은 옷)대식'이라고 불렀습니다. 아바스 왕조는 실크로드를 통한 동서 교역으로 부강해졌습니다. 알라딘, 알리바바와 40인의 도적 등의 이야기로 유명한 『아라비안 나이트』는 아바스 왕조 시기 바그다드를 주요 무대로 삼고 있습니다. 특히 제3대 통치자 '하룬 알 라시드'는 이 책의 가장 중요한 주인공입니다.

3장 | 피할 수 없는 운명

💡 **말위야 첨탑**

아바스 왕조의 두 번째 수도인 사마라 고고 유적 도시는 당시 흔적을 그대로 간직하고 있습니다. 그 이유는 시골에 있어 개발되지 않았기 때문입니다. 이 유적에서는 당나라 도자기 조각도 출토되었습니다. 당시 실크로드를 통해 교역이 얼마나 활발하게 이루어졌는지를 보여 주는 귀중한 유적입니다. 세계 문화유산으로 지정되어 있습니다.

사마라 고고 유적 도시의 대사원 터에 있는 나선형 탑

[동서 문명의 격돌, 탈라스 전투]

여름을 맞은 탈라스 평원은 평화로웠습니다. 드넓은 초원에는 풀이 우거졌고, 톈산 산맥의 눈이 녹아 만들어진 탈라스 강은 맑고 차가웠습니다. 초원 여기저기에는 한 무리의 야생마가 한가롭게 풀을 뜯어 먹으며 돌아다니고 있습니다. 폭풍 직전의 고요함이 평원에 감돌고 있었습니다. 평화로운 탈라스 평원을 보면서 고선지는 결의를 다졌습니다.

고선지 뒤에는 2만 명의 기병과 보병이 따르고 있었습니다. 전투를 많이 치러 본 고선지도 긴장했습니다. 이번에는 한 번도 겨뤄 본 적 없는 이슬람 제국의 대식국 군대를 상대로 싸워야 했습니다. 더구나 대식국은 서역의 여러 나라와 연합해 고선지 군대를 공격해 올 것입니다. 결코 쉽지 않은 전쟁이 될 거라는 것을 고선지는 알고 있었습니다.

고선지가 대식국 연합군이 전쟁 준비를 거의 마쳤다는 첩보를 들은 것은 751년 봄이었습니다. 대식국 연합군은 10만 명이 넘는데 비해 안서의 당나라 병사는 모두 합쳐도 2만 4천 명 정도였습니다. 더 많은 병사가 필요했습니다.

고선지는 당나라 국경 지역의 돌기시 부족 일파, 케르룩 부족, 발한나 부족, 해족, 강족 등 이민족 출신 병사들을 합쳐 7만 명의 군대를 조직했습니다. 그리고 무기, 말, 식량을 챙기고 첩자를 보내 정보를 얻었습니다.

> **이민족**
> '이민족'이라는 말은 중국의 한족 입장에서 그 외의 다른 민족들을 부른 말이다.

초원과 사막의 이민족

케르룩 부족

케르룩 부족은 원래 돌궐의 여러 부족 중 하나로, 돌궐에서 갈라져 나와 알타이 산맥 남서 지역에서 유목 생활을 했습니다. 이들은 6세기 후반 돌궐이 동돌궐과 서돌궐로 나누어지자 자기들에게 유리한 편을 들면서 생존을 이어 갔습니다.

발한나 부족

현재 우즈베키스탄 일대에 살던 이란계 민족이 세운 나라로, 페르가나라고도 합니다. 한나라 시대에 장건에 의해 중국에 알려졌고 '대완'이라고 불렸습니다. 7~8세기 들어 서돌궐의 위협을 받자 당나라와 우호적으로 지냈습니다. 발한나는 천 리를 달린다는 우수한 말이 나기로 유명한 나라이기도 했습니다.

해족

고대 흉노족과 동호족의 후손이라는 해족은 '해금'이라는 악기를 잘 타기로 유명했습니다. 주로 수렵과 유목을 주로 하며 중국의 북방 지대에 살았습니다. 당나라 때 해족의 지역을 중국 영토로 삼았습니다. 해족은 후에 거란족에게 정복당했고, 원나라 때 들어서는 역사의 무대에서 사라졌습니다.

강족

강족은 현재 중국 칭하이 성에 살던 티베트 계통 민족입니다. 이들은 티베트 혈통에 몽골족 일부, 한족의 혈통이 섞여 형성되었습니다. 한나라 때부터 중국의 지배를 받았습니다.

전쟁 준비가 모두 끝나자 고선지는 장수들을 막사로 불러 작전 회의를 열었습니다.

"대식국 군대는 지금 석국 서쪽에 진을 치고 있소. 저들이 공격해 오기 전에 우리가 먼저 움직여야 하오. 7만 대군이 한 번에 움직이기 어려우니 내가 선발대를 이끌고 먼저 치고 나갈 것이오. 이사업 장군, 단수실 장군이 후발대를 이끌도록 하시오."

두 장수는 고개를 숙이며 대답했습니다. 그들은 고선지와 함께 여러 전쟁터를 누빈 용감하고 노련한 장수들이었습니다. 고선지가 지도 위에 진격로를 표시하자 장수들의 표정이 굳어졌습니다. 보통 상인들이 이용하는 실크로드가 아니라 톈산 산맥을 넘어 석국 서쪽으로 향하는 길이었기 때문입니다. 지난번 석국 정벌 때보다 더 빠르지만 더 위험한 길이었습니다.

"선발대는 쉬지 않고 빠르게 진격할 것이오. 후발대는 지나는 마을에서 병력과 식량을 보충해서 따르시오."

장수들은 이번 전쟁이 쉽지 않으리라는 것을 깨달았습니다.

"봉상청 유후는 이번에도 안서도호부에 남아서 이곳을 지켜 주시오."

"네, 맡겨 주십시오."

> **유후**
> 절도사가 자리를 비웠을 때 역할을 대신하는 직책.

침착하고 힘 있는 봉상청의 대답을 듣자 고선지는 마음이 놓였습니다. 고선지는 전쟁에 나갈 때면 봉상청에게 안서도호부를 다스리는 임무를 맡겼습니다. 그만큼 신뢰했기 때문입니다.

"선발대는 3일 후 아침에 출발하겠소. 후발대는 그 이틀 후에 전력을 갖추어 출발하도록 하시오. 대식국은 처음 싸워 보는 상대지만 우리 당나라 군대를 당할 수는 없을 거요. 우리 당나라 군대는 막강한 군사력을 보유하고 있소. 한 번도 패배한 적이 없고 앞으로도 그럴 것이오!"

고선지의 단호한 말에 모든 장수는 힘찬 함성으로 답했습니다.

751년 5월 쿠차를 출발한 선발대는 7월 탈라스에 도착했습니다. 고선지의 계획대로 무사히 재빠르게 진격했습니다. 하지만 안심해서는 안 됩니다. 신중을 기하기 위해 일단 탈라스에서 전열을 가다듬고 가기로 했습니다. 그런데 고선지가 꿈에도 모르고 있는 사실이 있었습니다.

어찌된 일인지 대식국 군대의 사령관 지야드 이븐 살리히는 고선지 군대의 모든 움직임을 이미 알고 있었습니다. 고선지 군대가 대식국 군대를 기습하기 위해 톈산 산맥을 넘어 빠르게 진군하고 있다는 것도 알고 있었습니다. 이븐 살리히의 10만 대군은 탈라스 성에 숨어서 고선지 군대가 오기를 기다렸습니다. 대식국 군대가 먼저 공격하려고 한 것입니다.

탈라스 평원

탈라스 강(현재 키르기스스탄과 카자흐스탄의 국경 지역)이 흐르는 탈라스 평원 일대는 고대부터 유목 민족들의 활동 무대였습니다. 6세기 말 이 지역은 서돌궐 지배하에 있었습니다. 당나라 때는 '달라사' 등의 이름으로 중국에 알려졌는데, 628년 인도로 구법 여행을 가던 현장 스님은 『대당서역기』에서 탈라스에 대해 이렇게 기록했습니다. "탈라스 성 둘레는 8~9리에 달하고, 성안에는 여러 나라에서 온 상인들이 살며, 밀과 포도가 잘 자란다. 날씨는 춥고 바람이 많이 분다."

사마르칸트

이슬람 세력은 중앙아시아로 세력을 넓혀 갔습니다. 사마르칸트는 '강국(소그드인의 나라)'의 도시로 당나라의 지배를 받았습니다. 하지만 이슬람 세력은 중앙아시아로 진출했고 고선지가 안서도호부로 오기 전에 이미 서역을 점령하기 시작했습니다. 사마르칸트도 그중 하나였지요. 이슬람 세력은 사마르칸트에 군대를 주둔하고 안서도호부를 공격하려고 했습니다. 대식국 군대는 실크로드 중심지인 우즈베키스탄 사마르칸트에서 당나라 군대와 싸우기 위한 준비했습니다.

▶ 레기스탄 광장

고선지가 이끄는 당나라 군대가 탈라스 성에 이르렀을 때, 갑자기 땅을 울리는 말발굽 소리와 커다란 고함 소리가 들려왔습니다. 대식국 군대였습니다. 눈앞에서 적들이 갑자기 몰려오는 것을 보고 고선지는 계획이 어긋났음을 깨달았습니다. 전혀 예상하지 못한 일이었습니다. 싸울 준비가 되어 있지 않았던 데다가 병사 수도 부족했던 당나라 군대는 밀릴 수밖에 없었습니다. 고선지는 일단 후퇴 명령을 내렸습니다. 고선지 군대는 탈라스 강 유역으로 후퇴해 진을 쳤습니다.

'작전이 새어 나간 게 분명해. 첩자를 잡아야 하지만 일단은 지친 병사들을 쉬게 하고 후발대와 함께 새로운 작전을 짜야겠어.'

대식국 군대도 반대편에 진을 치고 당나라 군대의 움직임을 주시하고 있었습니다. 이븐 살리히는 실크로드의 상인들로부터 고선지의 명성에 대해 익히 들었습니다. 대식국 군대 수가 더 많다고 해서 섣불리 공격했다가는 오히려 당할 수 있었기에 미리 계획대로 때를 기다리기로 했습니다.

"제 아무리 고선지라 해도 우리 작전을 당해 낼 수 없을 것이다."

이븐 살리히는 비밀이라도 간직한 것처럼 웃었습니다. 마침내 고선지가 기다리던 후발대가 도착했습니다. 고선지는 7만 대군을 다시 정비했습니다. 선발대로 나섰던 부대가 맨 앞에 나서서 진격하면, 나머지는 두 부대로 나누어 적을 오른쪽과 왼쪽에서 공격하기로 했습니다. 고선지는 자신 있었습니다. 이제까지 전쟁터에서 죽을 고비를 숱하게 넘겨 왔고 그때마다 용기와 지혜를 다하여 승리해 왔습니다.

두 나라의 군대는 탈라스 평원에서 서로 마주하고 있었습니다. '사막의 아들들'이라는 별명을 가진 대식국 병사들은 그 이름답게 거친 사막에서 수없이 전쟁을 겪어 온 강한 전사들이었습니다. 고선지가 이끄는 당나라 군대 역시 뜨거운 사막을 지나고 높은 산맥을 넘어 싸워 온 굳센 병사들이었습니다.

드디어 고선지의 명령과 함께 당나라 군대의 첫 번째 기병 부대가 번개같이 적진을 향해 돌진했습니다. 둥둥 북소리가 울려 퍼지고, 말발굽 소리가 천둥처럼 하늘과 땅 사이를 진동했습니다. 대식국 군대는 커다란 나팔 소리와 함께 코끼리 부대가 맨 앞에서 치고 들어왔습니다. 코끼리 부대는 비록 빠르게 움직이지는 못하지만 무서운 힘으로 밀어붙이며 앞으로 나아갔습니다.

코끼리를 본 적이 없는 당나라 병사들과 말들은 놀라서 우왕좌왕했습니다. 하지만 대식국군에게 밀린 것도 잠시, 당나라 군대의 보병들이 적진으로 파고들기 시작했습니다. 치열한 몸싸움이 벌어졌습니다. 여기저기에서 칼과 창, 방패가 번쩍이고 고함 소리로 귀가 멀 것 같았습니다. 상대편을 향해 쏘아 대는 화살은 마치 비처럼 적진에 쏟아졌습니다. 고선지는 말을 타고 이곳저곳을 누비며 병사들에게 힘을 불어넣었습니다.

"진격하라! 적은 이미 겁먹었다! 진격하라!"

당나라군의 기세에 대식국군은 조금씩 밀렸습니다. 뒤쪽에 있던 당나라 군대의 두 번째, 세 번째 진영도 앞으로 나와 대식국군을 양쪽에서 포위해 나갔습니다. 작전은 성공적이었습니다.

그때였습니다. 이븐 살리히의 손짓에 대식국군의 나팔 소리가 울려 퍼졌습니다. 그와 동시에 갑자기 당나라 군대의 맨 뒤에서 소름 끼치는 비명이 터져 나왔습니다. 케르룩 부족의 병사들이 방향을 바꿔 같은 편인 당나라 병사들을 공격하고 있었습니다.

"배반이다! 케르룩이 배반했다!"

당나라 병사들은 뒤에서 공격해 오는 케르룩 병사들의 창과 칼에 찔리고 화살에 맞아 속수무책으로 쓰러져 갔습니다. 너무 갑작스러운 공격이어서 미처 피할 틈도 없었습니다. 고선지는 이제야 모든 사실을 깨달았습니다.

'케르룩! 대식국 군대에 우리의 행군로를 알린 것도 저들이구나! 아, 저들의 배반을 미리 알아차리지 못했다니……!'

이 모든 것이 이븐 살리히의 작전이었습니다. 대식국은 전쟁 전부터 케르룩을 자기편으로 끌어들여 치밀한 계획을 세웠던 것입니다. 고선지에게는 너무나 치명적인 실수였습니다. 전세는 이미 대식국 쪽으로 넘어갔습니다. 당나라 군이 뒤에서 케르룩의 공격으로 허둥대는 사이, 앞에서는 대식국군이 사막의 모래폭풍처럼 거세게 공격해 왔습니다.

전투는 5일 동안 계속되었습니다. 고선지가 이끄는 당나라 군대는 병사 대부분을 잃고 대식국 군대에 완전히 포위당했습니다. 고선지도 부상을 입었습니다. 그러나 그는 남은 병사들과 함께 끝까지 싸우겠다고 결심했습니다. 이사업 장군이 나서서 말렸습니다.

"장군, 어서 피하셔야 합니다. 한밤중인 지금이 기회입니다. 날이 밝으면

▶ 코끼리
당나라 때 이미 코끼리가 중국에 존재했으나 일반적이지는 않았다.

더 이상 버틸 수가 없습니다."

"나는 무인일세. 전쟁터에서 최후를 맞겠네."

"남은 병사들은 어쩌시렵니까? 저들이라도 살려야 하지 않겠습니까? 장군, 살아야 복수도 할 수 있습니다."

피투성이가 된 고선지의 뺨 위로 뜨거운 눈물 한 줄기가 흘러내렸습니다. 전쟁에 졌다는 사실이, 목숨처럼 아끼던 병사들 대부분이 죽었다는 사실이 그제야 실감되었습니다.

이사업은 몽둥이를 휘둘러 앞을 막고 있는 적들을 쓰러뜨리고 길을 열었습니다. 그리고 고선지를 먼저 피신하게 하고, 단수실 장군과 함께 남은 병사들을 이끌고 도망쳤습니다.

고선지의 완전한 패배였습니다. 탈라스 전투에 나섰던 당나라 군사 7만 명 중 약 5만 명이 죽었고, 2만 명에 가까운 병사는 포로가 되어 대식국으로 끌려갔습니다. 겨우 수천 명의 병사들만이 살아서 당나라로 돌아올 수 있었습니다.

평화롭던 탈라스 평원은 시체와 까마귀 떼로 뒤덮였고, 탈라스 강은 피로 물들었습니다. 탈라스 평원을 빠져나가면서 고선지는 문득문득 뒤를 돌아 보았습니다. 그의 눈에서는 핏빛 눈물이 마르지 않을 것처럼 끊임없이 흘러내리고 있었습니다.

탈라스 전투가 가져온 변화

탈라스 전투는 겨우 5일간 치러졌지만 세계사에서 매우 중요한 의미를 가집니다. 실크로드를 두고 이슬람 제국과 당나라가 처음이자 마지막으로 벌였던 이 전쟁에서 당나라가 지면서 서역의 지배권은 이슬람 제국에게 넘어갔습니다. 이후 서역은 급격히 이슬람화되어 현재 중앙아시아 대부분 나라는 이슬람교를 믿고 있습니다. 또 하나 중요한 점은 이때 이슬람 제국에 잡혀간 당나라 병사들 중에 종이 만드는 기술자들이 있었다는 사실입니다. 종이 만드는 법은 이때 이슬람 세계에 전해졌고, 이후 유럽에도 전파되었습니다.

▶ 마드라사
마드라사는 이슬람교 고등 교육 기관이다. 탈라스 전투 이후 오아시스 국가들은 이슬람 세력의 지배권에 놓이게 되었다.

▶ 탈라스 강

탈라스 강은 키르기스스탄과 카자흐스탄의 국경 지역에 위치한다.

▶ 고선지가 마지막을 보낸 지역

4장 마지막 전투

탈라스 전투에서 패한 고선지는 안서절도사에서 물러난 후 장안에서 조용히 지내게 됩니다. 그런데 안녹산이 난을 일으켰습니다. 이에 당나라 현종은 다시 고선지를 불러 안녹산의 난 진압을 명령합니다. 하지만 생각보다 안녹산의 군대는 막강했습니다. 태평성대를 누리던 당나라를 위기에서 구할 수 있길 기도하며 고선지는 마지막 전투를 준비했습니다.

[장안에서 은둔 생활을 하다]

황금빛 타클라마칸 사막 저 멀리에서 흙먼지를 날리며 푸른 말이 달리고 있습니다. 말 등 위에 올라탄 젊은 고선지는 호탕하게 웃으며 말고삐를 잡고 있고, 말은 주인의 기분을 잘 안다는 듯 신 나서 바람처럼 달렸습니다. 검은 말의 털이 깃발처럼 펄럭입니다. 푸른 말은 곧 사막을 벗어나 눈 덮인 산등성이를 달리기 시작합니다. 차가운 공기 속에 하얀 입김을 내뿜으며 말은 구름을 지나 하늘을 달립니다.

"아버님, 소자 들어가도 되겠습니까?"

방문 너머 아들의 목소리에 고선지는 꿈에서 깨어났습니다. 열어 둔 창문 사이로 봄 햇살이 따뜻하게 비쳐 들었습니다. 낮잠을 자다니, 안서에 있었을 때는 생각할 수도 없던 일입니다. 그는 옷매무새를 가다듬고 아들에게 들어오라고 말했습니다.

"봉상청 어르신께서 편지를 보내왔습니다."

아들이 건넨 편지를 받아 든 고선지의 표정이 밝아졌습니다. 그는 얼른 편지를 펼쳐 읽었습니다.

"어르신은 잘 계시다고 합니까? 안서는 어떠하다고 하는지요?"

"봉 절도사야 워낙에 믿음직한 사람 아니더냐. 봉 절도사가 다스리는 안서는 걱정할 게 없지. 다만 카슈가르에까지 이슬람 사원이 점점 늘어나고 있다는구나. 대식국의 세력이 점점 커지니 걱정이구나."

▶ **카슈가르에 있는 청 건륭 황제의 위구르족 후궁이었던 향비의 묘**
카슈가르는 현재 중국 신장웨이우얼 자치구에 위치해 있었다. 이곳은 고선지가 탈라스 전투에서 패배한 이후 완전히 이슬람화 되었다.

"어르신이 보고 싶습니다. 쿠차도 그립고요. 장안은 소자에게는 너무 답답한 곳이에요."

고선지는 아들의 쓸쓸한 얼굴을 보니 마음이 아팠습니다. 쿠차에서 태어나고 자란 아들이었습니다. 화려한 장안 생활이 맞지 않기는 고선지도 마찬가지였습니다.

탈라스 전투에서 패배한 책임을 지고 고선지는 안서절도사 자리에서 물러났습니다. 그러나 현종은 고선지가 그동안 세운 공을 인정하여 편안히 여생을 보낼 수 있도록 장안에 두 채의 집과 풍족한 재물을 내렸습니다. 고선지가 안서를 떠난 후 안서절도사는 봉상청이 맡게 되었습니다. 봉상청은 고선지에게 종종 편지를 보내 소식을 전했습니다.

아들이 나간 후 고선지는 봉상청의 편지를 손에 들고 잠시 멍하니 앉아 있었습니다. 아까 꾸었던 꿈이 떠올랐습니다. 말을 달리며 전쟁터를 누볐던 기억이 아득했습니다.

4년 전 안서를 떠나 장안으로 온 후 갑자기 늙어 버린 기분이 들었습니다.

'다시 한 번 예전처럼 넓은 평원을 달릴 날이 올까?'

고선지는 자신이 말을 타고 실크로드 일대를 누비던 때가 생각났습니다. 다시 예전처럼 전쟁터에 돌아갈 날이 오기를 바라며 눈을 지그시 감았습니다.

▶ 천리마
두보가 찬양한 고선지의 한혈마는 하루에 천 리를 달린다는 천리마다.

 고선지만큼 유명한 고선지의 말

고선지가 서역에서 타고 다닌 말은 장안에서도 유명했습니다. 시인 두보는 「고도호총마행」이라는 시를 지어 기릴 정도였습니다.

▶ 시인 두보

안서도호의 푸른 호마 / 이름을 날리고 별안간 동으로 왔네 / 전장에서는 당할 자 없었고 / 주인과 한마음으로 큰 공을 세웠네 / 공을 이루니 함께 다니는 데마다 대우 극진했네 / 아득히 먼 곳 타클라마칸 사막에서 나는 듯 왔네 / 빼어난 자태 마구간에 엎드려 쉬는 은혜 마다하고 / 용맹한 기상 싸움터만 그리고 있지 / 날랜 말발굽 높아 쇠를 박차 듯 / 교하에서 두꺼운 얼음을 몇 번이나 찼던고 / 오색 꽃무늬 흩어져 온몸에 감도니 / 만리라 한혈마를 이제 보았네 / 장안의 장사들이야 감히 타 보기나 하랴 / 번개보다 더 빠른 걸 세상이 아는데 / 푸른 실로 갈기 딴 채 늙고 있으니 / 언제나 서역 길을 다시 달릴까!

 고선지가 장안에 머무르고 있던 시기, 당나라는 점차 기울어 가고 있었습니다. 탈라스 전투 이후 대식국이 점차 서역 세력을 넓혀 가면서 당나라는 실크로드에서 주도권을 빼앗기고 말았습니다. 현종은 여전히 양귀비에 빠져 정치를 멀리했고, 그 틈에 양귀비의 친척 양국충이 모든 권력을 잡았습니다. 양국충은 권력을 독차지하려 했습니다.

 그런 그의 눈에 거슬리는 사람이 있었습니다. 바로 안녹산이었습니다. 그는 북방의 전쟁터에서 승리를 거두고 장안에 올 때마다 엄청난 보물을 들고 와서 선물로 뿌렸습니다. 안녹산은 황제의 두터운 믿음을 바탕으로 점점 권세가 높아졌습니다. 심지어 자기보다 열 살도 넘게 어린 양귀비를 양어머니로 모시며 친하게 지냈습니다. 양국충은 눈엣가시였던 안녹산을 몰아내기로 작정하고 그를 모함했습니다.

"폐하, 안녹산을 그대로 두면 반역을 일으킬 것입니다. 지금도 이미 반역의 기운이 있사옵니다."

현종은 처음에는 양국충의 말을 믿지 않았습니다. 하지만 양국충의 끈질긴 이간질에 점차 의심이 생겨나기 시작했습니다. 하지만 안녹산을 함부로 대할 수도 없었습니다. 그는 백 년 넘게 당나라의 골칫거리였던 거란족에게 항복을 받아 낸 영웅이었습니다.

안녹산은 양국충의 속셈을 눈치 챘습니다. 그는 양국충이 자신의 목숨을 노리고 있는 것을 알면서도 현종을 만나러 장안으로 갔습니다. 그리고 현종의 발 앞에 엎드려 펑펑 울면서 말했습니다.

"저는 변방의 호인 출신으로 글자도 모르는 천한 자입니다. 이런 저를 발탁해서 중요한 임무를 맡겨 주신 분이 바로 폐하이십니다. 제가 어찌 폐하를 배신할 수 있겠사옵니까?"

현종은 마음이 누그러져서 안녹산에게 더욱 아꼈습니다. 양국충은 속이 타들어 갔습니다. 그는 음모를 꾸몄습니다. 안녹산이 반란을 일으키려고 한다는 가짜 증거들을 만들어 낸 것입니다. 현종은 양국충의 말을 믿고 안녹산을 잡아들이라고 명령했습니다. 안녹산은 이대로 죽을 수 없다고 생각했습니다. 그는 마침내 결심했습니다. 진짜 반역자가 되기로 한 것입니다.

"이제까지 충성한 나를 이렇게 푸대접하다니! 황제와 양국충에게 본때를 보여 주겠다!"

▶ 베이징
안녹산은 범양(현재 중국 베이징)에서 군대를 일으켰다. 베이징은 이후 명·청 시대의 수도였다.

755년 11월 9일, 안녹산은 15만 명의 대군을 이끌고 장안을 향해 말을 달렸습니다. 안녹산이 반란을 일으켰다는 소식은 곧 현종에게도 전해졌습니다.

현종은 매우 화가 났지만 안녹산 군대 정도는 금방 제압할 수 있다고 생각하고 양귀비와 함께 온천궁으로 놀러 가 버렸습니다. 양국충 역시 안녹산 군대를 대수롭지 않게 여겼습니다.

▶ 화칭츠
중국 산시 성 시안에 있다. 양귀비 동상이 있는 화칭츠는 현종이 양귀비와 함께 유희를 즐긴 곳으로 유명하다.

그러나 이는 큰 착각이었습니다. 중국 동북쪽에서 이민족들과 오랫동안 싸우면서 단련된 안녹산의 군대는 아무도 막을 수 없었습니다. 안녹산 군대가 장안 가까이 왔다는 소식을 듣고 나서야 현종과 양국충은 자신들이 큰 위험에 빠졌다는 사실을 깨달았습니다. 당나라에는 나라가 세워진 지 137년 만에 파멸을 예고하는 거대한 먹구름이 드리워지고 있었습니다.

 안녹산의 난

안녹산은 범양(현재 중국 베이징 서남부), 하동(현재 중국 섬서 성 태원), 평로(현재 중국 요령 성 금주) 세 군 데의 절도사로 임명될 정도로 세력이 막강했습니다. 즉, 현종 황제 때 당나라에 열 개의 절도사 자리가 있었는데 그중 세 개가 안녹산의 차지였습니다. 그의 병력은 당나라 총병력의 40%에 해당하는 15만~18만 명이나 되었습니다.

안녹산의 근거지였던 범양 지역은 거란, 돌궐, 해족 등 북방 이민족들과 국경을 접하고 있었습니다. 안녹산은 이민족들을 제압하고 그들 중 일부는 자신의 군대로 받아들였습니다. 안녹산의 군대는 고선지의 안서군과 함께 당나라에서 가장 전투에 뛰어난 병사들이었습니다. 특히 아버지와 아들처럼 믿고 따른다는 '부자군' 기병 8천 명은 안녹산이 특히 아끼는 부대였습니다.

양국충은 안녹산 세력이 커지는 것에 위협을 느끼고 그를 제거하기 위해 음모를 꾸몄습니다. 안녹산은 이제까지 자신을 총애하던 현종 황제조차 양국충에게 마음이 돌아섰다고 느끼자 마침내 양국충을 제거한다는 명분을 내세워 반란을 일으켰습니다. 안녹산의 난은 당나라에 엄청난 영향을 미칩니다. 이 난으로 인해 당나라가 위기에 처하게 됩니다.

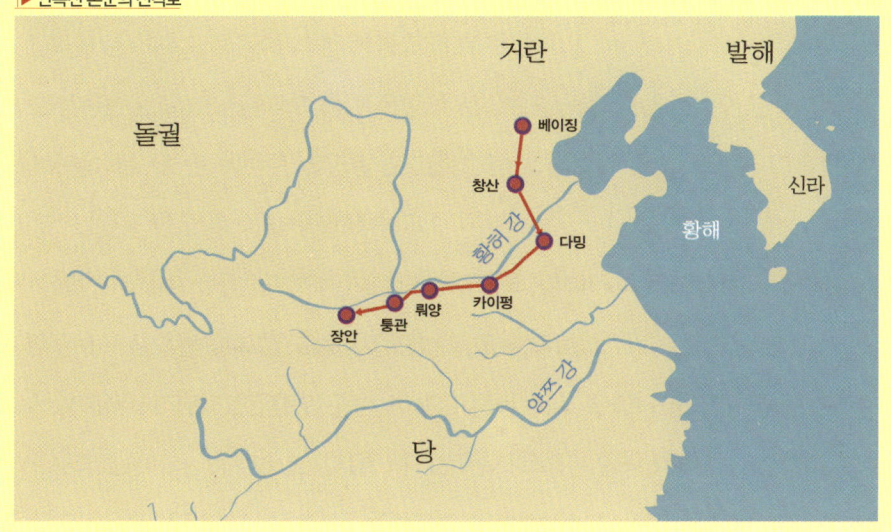

▶ 안녹산 본군의 진격로

[뤄양 성의 함락]

잠시 장안에 머물렀던 봉상청은 양귀비의 양자로 아부를 떨던 안녹산이 반란을 일으켰다는 소식을 듣고 급히 현종에게 달려갔습니다.

"폐하, 우리 당나라는 오랜 세월 평안해서 백성들이 적을 지나치게 두려워하고 있습니다. 그러나 정신을 똑바로 차리고 맞선다면 적을 막을 수 있습니다. 제가 안녹산이 내려오는 길목인 뤄양을 지키고 안녹산의 목을 가져오겠습니다."

현종은 걱정 가득한 얼굴로 봉상청을 쳐다봤습니다. 현종은 겁에 질려 있었습니다. 현종 옆에 서 있는 양국충도 마찬가지였습니다. 나라가 망할 수도 있는 위급한 상황이 닥치자 그들은 어찌할 바를 몰랐습니다.

봉상청이 자진해서 안녹산 군대를 막아 준다는 말에 현종은 기뻐하며 임무를 맡겼습니다. 봉상청은 서둘러 뤄양으로 갔습니다. 그리고 창고를 열어 곡식을 나눠 주고 돈을 줘 가며 열흘 만에 6만 명 정도의 병사를 모았습니다. 모인 병사들 대부분은 군사 훈련을 받은 적이 없는 가난한 농민들이었습니다. 이들이 돈을 벌기 위해 병사가 되려 한다는 것을 봉상청도 잘 알고 있었습니다.

하지만 시간이 없었습니다. 빨리 군대를 조직해 안녹산 군대를 진압하지 못하면 당나라는 이대로 안녹산의 손아귀에 넘어갈 것입니다. 이들이 과연 훈련이 잘된 안녹산 군대를 상대로 이길 수 있을지 걱정되었지만 이대로 넋 놓고 있을 수만 없었습니다.

안녹산 군대를 진압하기 위해서는 치밀한 전략이 필요했습니다. 드디어 안녹산 군대에 맞설 준비를 모두 마쳤습니다. 봉상청은 안녹산 군대가 황허 강을 넘지 못하도록 뤄양으로 통하는 황허 강의 다리를 끊었습니다. 그런데 안녹산 군대는 예상과 달리 다른 길로 돌아서 얼어붙은 황허 강을 건너 뤄양 바로 앞까지 단숨에 내려왔습니다. 안녹산 군대는 뤄양을 공격할 기회를 엿보고 있었습니다. 이제 본격적인 전쟁이 시작되었습니다.

사태가 심각해지자 현종은 깊은 고민에 빠졌습니다. 과연 봉상청이 뤄양을 잘 지켜 낼 수 있을까? 뤄양이 무너지면 장안도 위험에 처하게 된다는 것을 누구보다 잘 알고 있었습니다. 현종은 고선지를 부르기로 결심했습니다. 이제까지 고선지를 부르지 않은 데에는 이유가 있었습니다. 서역 출신인 안녹산이 반란을 일으킨 후 한족이 아닌 사람은 믿지 않게 되었습니다. 고선지 역시 고구려인이기 때문에 선뜻 믿으려 하지 않았던 것입니다. 하지만 이제 고선지밖에 안녹산을 막아 낼 사람이 없다는 사실을 깨달았습니다.

현종의 부름을 받은 고선지는 궁으로 향했습니다. 황제 앞에 선 고선지의 눈빛은 비장했습니다. 다시 무인으로서 전쟁터에 나서게 된 것입니다.

"고선지 장군, 장군의 어깨 위에 우리 당나라의 운명이 달려 있소."

현종은 고선지의 손을 꼭 잡고 당나라를 지켜 줄 것을 부탁했습니다.

"폐하, 이제까지 신을 믿어 주신 은혜에 보답하겠습니다. 반드시 적을 무찌르고 돌아오겠습니다."

▶ 뤄양의 용문석굴

　안녹산 대군에 맞서기 위해서는 많은 병사가 필요했습니다. 고선지는 각지에서 5만 명의 병사를 모집했습니다. 병사들 중에는 원래 군인인 이들도 있었으나 돈을 벌기 위해 지원한 가난한 농민들도 많았습니다. 고선지는 짧은 시간이지만 최선을 다해 이들을 훈련시켰습니다. 고선지는 현종의 명령에 따라 군사들을 이끌고 뤄양과 장안 사이에 있는 섬주에 진을 쳤습니다. 봉상청이 지키고 있는 뤄양이 무너질 경우를 대비한 것입니다.

한편, 뤄양의 봉상청은 안녹산 군대를 기습할 계획을 세웠습니다. 그는 날랜 기병으로 이루어진 선발대를 이끌고 안녹산 군대를 먼저 공격했습니다. 안녹산 군대는 큰 타격을 입었습니다. 그러나 후발대로 공격해야 할 당나라 병사들이 그만 겁을 먹고 나오지 않았습니다. 상황은 역전되었습니다. 안녹산 군대는 성난 파도처럼 뤄양 성을 덮쳤습니다. 봉상청이 아무리 사기를 북돋우려고 해도 이미 겁을 먹은 당나라 병사들은 우왕좌왕 도망치기에 바빴습니다. 봉상청은 눈물을 삼키고 뤄양 성을 탈출할 수밖에 없었습니다.

뤄양 성이 함락되었다는 소식은 곧 고선지에게도 전해졌습니다. 드디어 안녹산과 직접 겨룰 날이 다가왔습니다. 고선지는 피가 뜨거워지는 것을 느꼈습니다.

중국의 옛 수도, 뤄양

뤄양은 현재 중국 허난 성 북서부에 위치하고 있습니다. 당나라 시대에는 제2의 수도였고 경제도시로 대운하를 따라 수송되는 강남의 물자 집산지로 번영하였습니다. 뤄양은 중국 역사상 아홉 개 왕조의 수도이자 불교 중심지로 유명합니다. 처음 수도가 된 것은 기원전 8세기 말 주나라 시대였습니다. 그 후 1세기 후한, 4세기 동진 등의 수도였고, 불교 문화가 전래되어 많은 불교 사원과 탑이 세워졌습니다. 특히, 5세기 북위는 뤄양에 '용문석굴'이라는 사원을 만들어서 화려한 불교 문화의 정수를 꽃 피웠습니다. 당나라 시대 들어서는 동쪽 수도로서 경제적 기능을 담당하며 크게 발전했습니다.

[쓸쓸한 최후를 맞이하다]

756년 12월, 한겨울을 맞이한 섬주에 눈이 내리기 시작했습니다. 눈발은 점점 굵어지면서 온 세상을 하얗게 뒤덮었습니다. 눈에 묻힌 섬주는 멀리서 보면 조용하고 평화로워 보였지만 팽팽한 긴장감이 감돌고 있었습니다. 성을 지키는 병사들은 꽁꽁 언 손으로 창을 꼭 쥐고 앞쪽을 날카롭게 노려보고 있습니다. 안녹산의 대군이 언제 쳐들어올지 모르는 위급한 상황이었습니다.

> **섬주**
> 현재 중국 허난 성 서쪽에 있는 도시인 싼먼샤이다.

뤄양에서 패한 봉상청이 고선지를 찾아온 것은 그때였습니다. 살아남은 병사들을 이끌고 섬주로 들어오는 봉상청의 모습은 처참했습니다. 전쟁에서 패배하고 먼 길을 도망쳐 온 뤄양의 병사들은 몹시 지쳐 보였습니다. 고선지는 직접 영문 앞에 나가 봉상청을 맞이했습니다. 고선지를 본 봉상청은 말에서 내려 눈물로 용서를 빌었습니다. 고선지는 봉상청을 일으켜 세우며 위로하고, 한동안 쉬도록 했습니다. 얼마 후 고선지는 작전을 짜기 위해 봉상청을 불러 뤄양의 사정에 대해 물었습니다.

"여러 날 동안 싸웠지만 도저히 이길 수가 없었습니다. 뤄양과 마찬가지로 섬주도 평지가 아닙니까? 섬주에서도 그들을 막아 내기 어려울 것입니다. 장군, 차라리 퉁관으로 옮기십시오. 퉁관은 북쪽에는 강이 흐르고 남쪽에는 산이 있어 적이 쳐들어오기 어려운 요새입니다. 그곳에 진을 치면 시간을 끌면서 적을 막아 낼 수 있습니다."

> **퉁관**
> 현재 중국 산시 성 동쪽에 있는 현. 뤄양과 장안을 이어 주는 교통의 요지였다.

고선지는 고개를 끄덕였습니다. 그도 같은 생각을 하고 있었던 것입니다. 그런데 그 순간 탁자를 치면서 벌떡 일어서는 사람이 있었습니다.

"아니, 뭐라고? 섬주를 지키라는 황제 폐하의 명령을 무시하는 건가!"

군사감독관 변영성이었습니다. 예전 소발률국 정벌 때와 마찬가지로 이번에도 환관 변영성이 고선지를 감시하기 위해 온 것입니다. 그는 전쟁터에 나가지도 않으면서 사사건건 고선지의 작전에 참견했습니다.

"봉 장군의 말이 옳습니다. 어서 통관으로 옮기지 않으면 섬주뿐 아니라 장안도 위험해질 것입니다."

"적과 싸워 보지도 않고 도망치겠다는 거요? 허락할 수 없소."

변영성의 억지스러운 말에 고선지는 화가 치밀어 올랐습니다. 고선지와 병사들이 목숨을 걸고 싸울 때 정작 변영성은 안전한 곳에 숨어서 이래라저래라 말만 했습니다. 고선지는 변영성의 말을 듣지 않기로 했습니다.

고선지는 봉상청과 함께 당장 군대를 통관으로 옮겼습니다. 섬주에는 보급기지인 태원창이라는 큰 창고가 있었습니다. 고선지는 태원창을 열어 비단과 돈을 병사들에게 나누어 주고, 남는 것은 모두 불태워 버렸습니다. 변영성은 화를 내며 길길이 날뛰었습니다.

"이게 무슨 짓인가? 감히 폐하의 보물에 손을 대다니! 이건 도적질이오!"

"말을 삼가시오! 이 보물들이 적의 손에 넘어가면 얼마나 위험한지 공도 잘 알지 않소? 적들이 오래 버틸 수 있는 물자로 쓰일 거요. 게다가 이 가엾은 병사들은 아직까지 봉급도 받지 못한 채 싸우고 있소!"

고선지의 꾸짖음에 변영성은 기가 죽어서 입을 다물었습니다. 하지만 속으로는 고선지에게 앙갚음을 하겠다고 마음먹었습니다. 통관의 겨울이 점점 깊어 갔습니다.

통관 너머에서 기회를 엿보고 있던 안녹산은 초조해졌습니다. 통관을 정복하지 못하면 장안을 공격할 수 없습니다.

전세는 역전되어 안녹산이 불리해졌습니다. 고선지의 자신감은 점점 커졌습니다. 처음에 오합지졸이었던 병사들은 훈련을 거듭하며 제대로 된 군대의 꼴을 갖추어 갔습니다. 병사들은 고선지를 따르고 존경했습니다. 고선지는 이제 안녹산의 대군과도 겨루어 볼 만하다고 생각했습니다. 고선지가 안녹산을 진압하기 위해 고군분투하고 있을 때 변영성은 장안에 가서 현종에게 고선지와 봉상청을 모함했습니다.

"폐하, 고선지와 봉상청은 천하의 죄인들입니다. 봉상청은 뤄양 성을 버리고 섬주로 도망쳐 왔사옵니다. 고선지는 봉상청의 말을 듣고 섬주를 버렸을 뿐 아니라 태원창의 보물을 도둑질했사옵니다. 이들은 황제 폐하의 명령을 어긴 자들이니 큰 벌을 내리십시오!"

이미 판단력이 마비된 현종은 분노했습니다. 고선지가 안녹산처럼 반란을 일으킬 것을 두려워하던 조정의 신하들은 황제를 부추겼고, 마침내 현종은 두 사람을 사형에 처할 것을 명령했습니다. 변영성은 신이 나서 통관으로 향했습니다. 그는 먼저 봉상청을 불러내 황제가 준 사형 명령서를 보였습니다. 봉상청은 한참 동안 아무 말도 하지 못했습니다. 뤄양을 떠나면서 이런 날이 올지도 모른다고 생각했지만 나라의 존폐가 걸린 중요한 시기에 이런 일이 벌어질 것이라고는 상상조차 하지 못했습니다. 비통한 심정으로 봉상청은 떨리는 입을 열었습니다.

"뤄양을 잃었을 때 그 자리에서 죽지 못하고 살아남은 것은 저의 죄입니다. 폐하의 명에 따르겠습니다. 다만 폐하께서 신의 진심을 알아주시길 바랄 뿐입니다."

그는 눈을 감고 고선지가 무사하기를 마음속으로 빌었습니다. 이윽고 변영성은 옆에 선 칼잡이에게 손짓을 보냈습니다.

고선지는 변영성의 갑작스러운 방문에 깜짝 놀랐습니다. 불길한 예감이 들었습니다. 변영성의 뒤에는 칼잡이 백 명이 호위하고 있었습니다. 뛰어난 장수인 그를 죽이기 위해 무려 백 명의 칼잡이를 데리고 온 것입니다. 번영성은 얼굴 한 가득 미소를 띠고 말했습니다.

"폐하께서 고선지 장군에게 은혜로운 명령을 내리셨소."

고선지 앞에 거적때기 하나가 펼쳐졌습니다. 그 속에는 봉상청의 시체가 있었습니다. 고선지는 눈앞이 아득해졌습니다. 자신 앞에 닥칠 운명도 깨달았습니다. 변영성은 사형 명령서를 읽었습니다.

"적을 두고 후퇴한 것은 내 죄요! 하지만 보물을 훔쳤다는 것은 억울하오!"

변영성의 손짓에 칼잡이들이 고선지를 양쪽에서 잡았습니다. 고선지는 주위를 둘러싼 통관의 병사들을 향해 부르짖었습니다.

"내가 너희들을 병사로 부른 것은 적을 무찔러 나라를 구하고 큰 상을 받게 하기 위함이었다. 그러나 지금까지 어쩔 수 없이 통관에 머물러 있게 되었다. 나에게 죄가 있으면 너희들은 그렇다고 말하라!"

그때까지 무거운 침묵이 감돌던 병사들은 울부짖었습니다.

"억울하다! 억울하다!"

"고선지 장군은 죄가 없다!"

병사들의 억울하다는 고함 소리, 발을 구르는 소리, 창으로 땅을 치는 소리가 사방에 울려 퍼졌습니다. 변영성은 당황했습니다. 만약 고선지가 이 병사들에게 공격 명령을 내리면 자신은 그 자리에서 죽을 수도 있었습니다. 하지만 고선지는 말없이 봉상청의 시체를 바라보고 있었습니다. 병사들의 울부짖음은 오히려 커졌습니다. 지금 자신의 결단에 모든 것이 달려 있습니다. 고선지의 머릿속에서는 어린 시절부터 지금까지의 기억들이 하나하나 스쳐 지나갔습니다. 어린 시절 양주의 원소관등 축제 불빛, 쿠차의 금빛 사막과 화려한 시장, 눈 덮인 파미르 고원이 바로 눈앞에 보이는 것 같았습니다. 그리고 전쟁터에서 만난 많은 사람들, 죽을 고비를 함께 넘나들었던 동지들, 형제처럼 자식처럼 아꼈던 병사들이 떠올랐습니다. 자신이 죽였던 적들까지도.

고선지는 평생 떳떳한 무사로 살았던 삶에 부끄럽고 싶지 않았습니다. 지금 황제의 명령을 거역하고 이 자리를 벗어나면 목숨을 건질 수도 있습니다. 하지만 반역자로 나머지 삶을 살고 싶지는 않았습니다. 그는 조용히 웃으며 봉상청의 주검 옆에 무릎을 꿇고 앉아서 말했습니다.

"우리 젊은 시절이 기억나는가? 자네는 내가 뽑은 사람이고 내 뒤를 이어 안서절도사를 맡았지. 자네를 곁에 둘 수 있었던 건 내 평생 최고의 행운이었네. 이제 자네와 함께 이렇게 가는 것도 모두 운명일 것이야."

고선지는 가만히 눈을 감았습니다. 그의 눈앞에 파미르 고원을 넘었던 날이 생생하게 펼쳐지는 듯했습니다. 잠시 후 날카로운 소리가 들려왔습니다.

고선지는 고구려 유민 출신으로 당나라 최고의 장군이 되었습니다. 그는 안서절도사의 자리까지 오르며 실크로드를 지배했습니다. 고선지 장군이 없었더라면 약한 군대의 대명사인 당나라 군대가 절대 실크로드를 차지하지 못했을 것입니다. 뿐만 아니라 비록 탈라스 전투에서 졌지만 그로 인해 서양으로 제지술 같은 기술이 전해졌고 세상은 바뀌었습니다. 그가 이룬 업적은 시대를 뛰어넘어 우리에게 기억될 것입니다.

고선지 처형 이후 당나라 상황

고선지가 처형당한 후 안녹산은 통관을 넘어 장안을 공격했습니다. 현종은 촉(지금의 쓰촨성)으로 피난을 갔습니다. 분노한 당나라 백성들은 양국충, 변영성을 살해하고 양귀비가 스스로 목매 죽도록 했습니다. 안녹산은 아들의 손에 죽임을 당하고, 뒤이어 반란군의 장수였던 사사명이 반란을 주도했습니다. 안녹산과 사사명의 이름 앞 글자를 따서 이 반란을 '안사의 난'이라고도 부릅니다. 안녹산의 난은 8년 만에 가까스로 진압되었습니다. 반란을 일으킨 이들 사이에서 다툼이 일어나면서 세력이 약해진 것이 큰 원인이었습니다.

안녹산의 난 이후 당나라는 큰 변화를 겪었습니다. 화려하게 번영을 누렸던 장안과 뤄양 등은 파괴되고 귀족들은 큰 타격을 입었습니다. 백성들이 입은 피해도 컸습니다. 백성들은 더 많은 세금을 내야 했습니다. 한편 각 지방의 절도사들이 병력을 장악하면서 더욱 세력이 강해졌습니다. 당나라 중앙 정부에서는 지방 절도사들을 통제할 힘을 잃어 갔습니다. 사회의 변화가 진행되면서 백성들에게 세금을 거두는 체계에도 변화가 생겼습니다. 여름과 가을에 화폐로 세금을 거두는 '양세법'으로 바뀐 것입니다. 서역은 더 이상 당나라가 관리할 수 없는 지역이 되었습니다. 서역의 실크로드에는 새롭게 등장한 세력, 이슬람 제국이 영향력을 넓혀 갔습니다.

▶ 쓰촨 성 두장옌
안녹산 반란군이 장안을 점령하자 당 현종은 촉(지금의 쓰촨 성)으로
피난을 갔다. 사진은 쓰촨 성 청두 시에 있는 고대 수리 시설이다.

실크로드로 배우는 세계·문화·역사

- 고선지는 어떤 사람일까요?
- 7~8세기 실크로드 세계
- 당시에는 어떻게 전투를 했을까요?
- 종이의 역사
- 고선지, 실크로드 정복 경로
- 세계 역사 연표

고선지는 어떤 사람일까요?

중국에서 가장 위대한 장군 중의 한 사람으로 평가받는 고선지는 고구려인입니다. 중국 역사서 『구당서』, 『신당서』, 『자치통감』에는 고선지의 출신과 활약에 관한 기록이 남아 있습니다. 이 역사서들은 모두 "고선지는 고구려 사람이다"라고 밝히고 있습니다. 큰 공을 세운 고선지를 시기하는 사람들이 그를 '고구려 놈'이라고 욕하는 대목에서도 고선지가 고구려 유민 출신임을 알 수 있습니다. 그런데 많은 중국 학자는 고선지가 당나라 사람이라고 주장합니다. '고구려 유민으로 이미 당나라인이 되었다', '고구려는 원래부터 중국의 지방 정권이었다'라는 것입니다.

고구려가 한민족의 나라가 아니라 중국의 일부라는 주장은 최근 중국에서 추진한 '동북공정' 사업에서도 드러났습니다. 중국은 현재 중국 영토에 속하는 옛 나라들을 모두 중국 역사로 보고 있습니다. 이 주장에 따르면 고구려와 발해는 모두 중국의 역사에 속하게 됩니다. 이러한 주장에 대해 터무니없다고 넘긴다면 역사 왜곡은 심각해질 것이며, 이후 우리나라의 역사 자체가 흔들리게 되기 때문에 관심을 가지고 해결해 나가야 합니다.

「고선지에 대한 후대 평가」

고선지에 대해 우리나라에서 관심을 가지게 된 것은 그리 오래되지 않았습니다. 우리나라에서 활약한 인물이 아니기 때문에 시선이 미치지 못했던 것이지요. 하지만 실크로드에서 활약했던 고구려인 고선지를 주목하는 것은 우리 역사를 바로잡는 일이기도 합니다. 비록 고구려라는 나라는 사라졌어도 고구려 사람들은 살아남았습니다. 우리 민족은 세상의 동쪽 끝에 숨어 살던 사람들이 아니었습니다. 오늘날 세계화 시대를 맞이하여 힘든 시련 속에서도 당당히 더 넓은 세상을 누볐던 우리 선조들을 기억해야 할 필요성이 더욱 커지고 있습니다.

고선지에 대한 연구는 서양의 학자들이 먼저 시작했습니다. 1900년대 초부터 영국의 오렐 스타인, 스웨덴의 스벤 헤딘, 프랑스의 폴 펠리오 등 뛰어난 탐험가들이 잠자고 있던 실크로드의 유적들을 발굴해 냈습니다. 이들의 탐험으로 인해 실크로드에서 활약했던 역사 인물들에 대한 관심도 커져 갔습니다.

고선지는 오렐 스타인에 의해 주목받기 시작했습니다. 오렐 스타인은 1900년부터 중앙아시아를 세 번 여행한 유명한 고고학자입니다. 그는 고선지가 간 길을 따라서 파미르 고원을 넘은 후 이렇게 말했습니다.

"유럽에서 알프스를 정복한 위대한 지휘관 한니발이나 나폴레옹보다 파미르 고원과 힌두쿠시 산맥을 정복한 고선지 장군이 더욱 위대하다."

서양에서 시작된 고선지 연구는 20세기 중반 이후 우리나라와 중국에서도 주목받기 시작했습니다. 하지만 고선지를 바라보는 시각에는 입장 차이가 있습니다.

중국 역사서 『구당서』, 『신당서』, 『자치통감』 기록을 해석하면서 일부 서양 학자들과 중국 학자들은 고선지를 부정적으로 평가했습니다. 예를 들어 고선지가 석국을 정벌했을 때 석국의 보물을 빼앗고 석국 왕을 포로로 잡아 와 죽였기 때문에 결국 탈라스 전쟁이 일어났다는 것입니다. 그들은 고선지는 탐욕스러운 인물이었다고 주장했습니다.

우리나라 학자들의 주장은 다릅니다. 당시 전리품을 가져 오는 것은 당연한 일이었고, 그 전리품 대부분은 당나라 조정으로 들어갔다는 것입니다. 석국 왕을 처형한 것도 장안의 정치가들이었습니다. 또한 '고선지는 많은 재물을 부하들과 주변 사람들에게 나누어 주기를 좋아했다'는 기록 역시 같은 역사서에 남아 있다는 점을 눈 여겨 볼 필요가 있습니다.

7~8세기 실크로드 세계

7세기에서 8세기에 걸쳐 동아시아와 중앙아시아의 많은 나라는 서로 밀접하게 연결되어 있었습니다. 당나라를 중심으로 북쪽의 돌궐, 서쪽의 티베트, 동쪽의 고구려·백제·신라는 서로 영향을 주고받으며 변화를 겪었습니다.

7~8세기 실크로드 세계

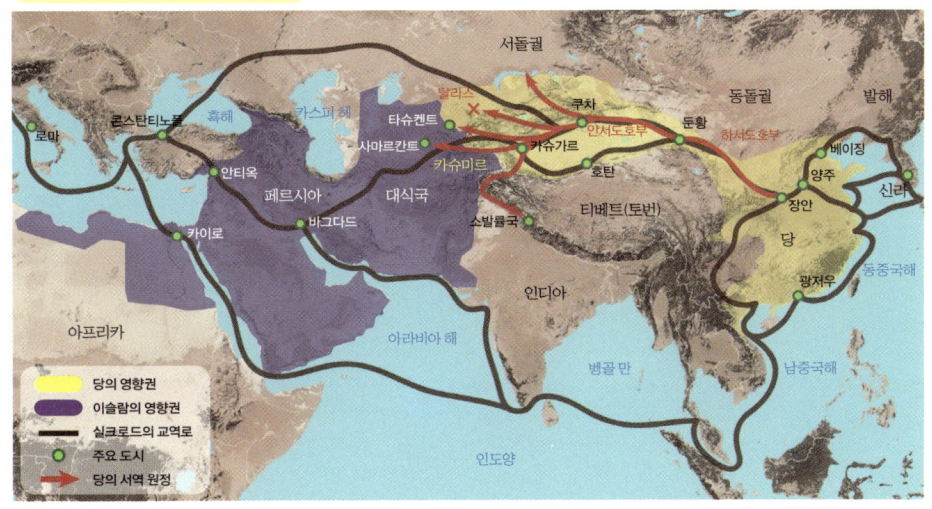

「당나라의 세력 확장」

당나라 초기 최대의 적은 돌궐이었습니다. 돌궐은 북방 초원의 유목 민족으로 552년 건국된 후 무서운 기세로 중국을 위협했습니다. 중국 왕조들은 돌궐과 때로는 싸우고 때로는 협조하며 지냈습니다.

당나라가 중국을 다시 통일했을 무렵, 돌궐은 내분에 빠져 동돌궐과 서돌궐로 나뉘어 있었습니다. 야심가였던 당 태종은 630년에 동돌궐을 정복합니다. 유목 민족들은 당 태종을 '천하제일 칸 중의 칸'이라고 불렀습니다. 그뿐 아니라 서역으로도 발길을 돌려 쿠차까지 영토를 넓혔습니다.

북방과 서방까지 진출한 후 당 태종은 동쪽으로 눈을 돌렸습니다. 동쪽에는 강력한 고구려가 버티고 있었습니다. 당 태종은 직접 10만 대군을 끌고 645년에 고구려를 공격했습니다. 그러나 고구려는 예상보다 훨씬 강력했습니다. 당 태종은 안시성 싸움에서 패배의 쓴맛을 보고 발걸음을 돌려야만 했습니다.

당나라는 전략을 바꾸어 신라와 손을 잡았습니다. 그리고 백제와 고구려를 차례대로 멸망시킨 후 당나라는 우리나라 전체를 차지하려는 욕심을 내기 시작했습니다. 이제까지 당나라와 손을 잡았던 신라는 크게 반발합니다. 이렇게 해서 두 나라 사이에 전쟁이 벌어지게 됩니다('나당 전쟁').

「티베트의 성장」

티베트는 제33대 왕 송첸캄포 이후 눈부신 발전을 이루어 당나라를 위협할 만큼 세력이 강해졌습니다. 이러한 상황은 신라에도 전해졌습니다. 669년 티베트가 톈산남로 지역을 기습하자, 당나라는 이듬해에 우리나라에 주둔해 있던 군사들을 티베트 쪽으로 보냈습니다. 하지만 당나라는 이 전쟁에 져서 서역의 안서 지방을 티베트에게 빼앗겼습니다. 그리고 이틈을 타서 670년 신라군은 당나라 군대를 밀어내고 백제 지역을 차지했습니다.

672년, 티베트와 당나라가 화해한 후 당나라는 다시 신라를 공격했습니다. 그러자 신라군은 다시 밀리기 시작했습니다. 그러나 673년 티베트가 서돌궐 부족과 함께 톈산북로를 공격하는 일이 벌어집니다. 당나라는 다시 군사를 서역으로 돌렸습니다. 신라는 이 기회를 놓치지 않고 백제·고구려 유민과 힘을 합쳐 676년 당나라를 완전히 몰아냈습니다.

678년, 당나라는 빼앗긴 서역을 회복하기 위해 18만 대군으로 티베트를 공격했지만 또다시 패했습니다. 당시 황제였던 고종은 어쩔 수 없이 티베트 공격을 멈추기로 합니다.

「당나라의 실크로드 장악과 이슬람 제국의 도전」

중앙아시아에서는 돌궐 제국이 멸망한 후 서역 실크로드의 지배권을 두고 당나라와 티베트의 경쟁이 치열해졌습니다. 처음에는 티베트가 우세했지만 당 현종 때 고선지 장군이 서역 정벌에 나서면서부터 상황은 역전됩니다. 고선지의 소발률국 정벌은 매우 중요한 전투였습니다. 소발률국을 비롯해 서역의 나라들이 당나라에게 복종하게 되었기 때문입니다. 또한 고선지의 석국 정벌의 성공은 당나라의 영향력이 더욱 서쪽으로 뻗어 나가는 계기가 되었습니다. 당나라가 서쪽으로 세력을 확장하면서 이슬람 제국과 부딪치게 됩니다.

이슬람교를 창시한 무함마드는 630년 아라비아 반도의 부족들을 통일해서 이슬람 공동체를 세웠습니다. 그 후 661년에 우마이야 왕조가 들어섰고, 그 뒤를 이어 750년에 아바스 왕조가 일어났습니다. 우마이야 왕조는 이슬람교를 믿는 아랍인에 의한 통치를 바탕으로 주변 지역을 점령해 나갔습니다. 우마이야 왕조는 아라비아 지역에서 아랍인이 권력을 차지했기 때문에 이를 아랍 제국이라고 구별해 부르기도 합니다. 한편, 우마이야 왕조를 무너뜨린 아바스 왕조는 더 넓은 영토를 차지하고 더 많은 민족을 백성으로 삼았습니다. 새로운 수도 바그다드는 우마이야 왕조의 수도 다마스쿠스보다 더 동쪽에 위치했습니다. 정치, 군사, 문화, 경제 등 모든 분야에서 중심지가 동쪽으로 이동되었습니다. 이슬람교는 실크로드를 통해 동쪽으로 전파되었습니다.

8세기 중엽 고선지 장군이 티베트와의 전쟁에서 승리를 거두면서, 서역의 지배권을 두고 당나라에 도전할 세력은 이슬람 제국밖에 없었습니다. 당나라와 이슬람 제국이 처음이자 마지막으로 맞붙은 탈라스 전쟁에서 이슬람 제국이 승리하면서 서역 실크로드에서는 이슬람화가 진행되었습니다.

▶ 오아시스 국가들의 이슬람화

「실크로드 동쪽, 우리나라」

고선지의 부모님이 살았던 고구려가 멸망한 후, 그 땅에는 발해가 들어섰습니다. 발해의 남쪽에는 삼국통일을 이루어낸 신라가 자리 잡고 있었습니다. 중국에서는 발해를 북국, 신라를 남국이라고도 불렀습니다. 따라서 이 시기를 '남북국 시대'라고 합니다.

고선지와 마찬가지로 고구려 유민이었던 대조영이 세운 발해는 당나라가 '해동성국'이라고 부를 만큼 크게 번성했습니다. 고선지가 당나라의 서쪽 실크로드에서 용맹을 떨치고 있을 때, 발해에는 제2대 무왕이 활약하고 있었습니다. 발해의 무서운 성장에 두려움을 느낀 당 현종은 발해를 압박했습니다. 이에 발해 무왕은 733년 거란, 돌궐과 손을 잡고 당나라를 공격했습니다. 당황한 당나라는 이제까지 사이가 안 좋았던 신라에 도움을 요청했고, 신라는 당나라를 도와 발해를 공격하는 척했습니다. 신라는 당나라와 다시 친하게 지내고 발해가 남쪽으로 내려오는 것을 막는 수준에서 이 전쟁에 참가했습니다.

734년 동돌궐 제국이 쇠퇴하기 시작하자 동아시아와 중앙아시아 정세는 전환점을 맞았습니다. 발해는 동맹을 맺고 있었던 거란이 당나라에게 정복당하고 돌궐마저 무너지자 당나라에 대한 전쟁을 그만두기로 정했습니다. 이후 발해는 당나라와 친교를 맺고, 신라와도 우호적으로 문물을 교류했습니다. 특히 737년 제3대 문왕이 즉위한 후 발해, 당나라, 신라 사이의 교류는 더욱 활발해져 동아시아의 번영을 함께 누렸습니다.

8세기 중반 통일신라는 부처님의 나라를 꿈꾸며 평화기에 접어들었습니다. 고선지가 탈라스 전투에 나섰던 751년, 통일신라에서는 불국사와 석굴암이 현재와 같은 큰 사찰로 다시 만들어졌습니다. 발해와 신라는 동아시아의 끝에 있었지만 당나라를 비롯해 여러 나라들과 교류를 계속했습니다. 발해와 신라 역시 실크로드의 일부였습니다.

당시에는 어떻게 전투를 했을까요?

「당나라의 군사 제도」

당나라의 군사 제도는 '부병제'였습니다. '병농일치'를 기본으로 하는 부병제는 평소에는 농사를 짓는 농민들이 전쟁이 나면 병사가 되는 제도입니다. 당나라는 600여 곳에 지방 군부를 설치했는데, 각 부에는 21세~60세의 농민 남자 8백 명~1천2백 명 정도가 속해 있었습니다. 장교는 직업 군인들이었지만 일반 병사들은 순번을 정해서 돌아가면서 군인이 되었습니다. 도성에서 약 2백 킬로미터 이내에 사는 부병들은 5개월마다 한 달씩 훈련을 받았고, 8백 킬로미터 이상 떨어진 곳에 사는 부병들은 18개월마다 두 달씩 훈련을 받았습니다. 그리고 부병들은 변경 수비대에서 3년간 근무해야 했습니다.

부병들은 전쟁이 나면 즉시 소집될 수 있었기 때문에 처음에는 유용했지만, 7세기 말이 되면서 부병제의 결점이 드러났습니다. 주변 나라들과의 전쟁이 길어지면서 부병들이 너무 오랫동안 동원되자 농사에 차질이 생긴 것입니다.

농사를 지어야 하는 부병들은 먼 지방까지 전쟁하러 가는 것을 싫어했습니다. 따라서 점차 부병 대신 직업 군인이 늘어나게 되었습니다. 직업 군인으로는 중국인이 아닌 외국인들도 많이 받아들였습니다. 고선지나 안녹산도 이러한 외국 출신 군인이었지요. 8세기 중반 이후 부병제는 사라지고 직업 군인 제도인 모병제가 자리 잡게 되었습니다.

「군대 구성과 전투 방식」

초기 당나라 군대는 보병과 기병으로 이루어져 있었고 주력은 무장한 기병이었습니다. 사람과 말 모두 철 갑옷을 두르고 창과 칼을 들고 싸웠습니다. 이는 주로 한족들의 전투 방식이었습니다. 북방의 유목 민족들은 활과 창을 사용하며 말을 달리는 기습 작전을 주로 썼습니다. 당나라 군대는 유목 민족인 돌궐과 전투를 거듭하며 점차 돌궐의 전투 방식을 빌려오게 됩니다. 빠르게 움직이는 데 방해가 되는 무거운 철 갑옷은 점차 입지 않게 되었습니다.

서역으로 원정을 떠나는 당나라 군대 중에는 전부 기병으로 이루어진 부대도 있었는데, 주로 이민족 출신자였습니다. 8세기 중반 이후 기병의 효율성이 줄어들어 9세기 말에는 한족 기병은 거의 찾아볼 수 없게 됩니다. 보병들은 창으로 무장하거나 활을 쏘았습니다. 또한 적의 성을 무너뜨리기 위한 포차(화포를 끌고 다니는 차)를 사용하기도 했습니다. 보병이 원정에 참여할 때 말을 타는 경우도 있었습니다.

당나라의 전형적인 무인으로 당나라 태종의 무덤 외부에 둘러놓은 돌에 새겨져 있다.

종이의 역사

　세계 역사에 중요한 영향을 준 중국의 3대 발명품은 무엇일까요? 화약, 나침반, 그리고 종이입니다. 특히 종이는 지식의 전달과 보급에 아주 중요한 역할을 했지요. 지금 종이는 우리 주변 어디서나 볼 수 있습니다.

　여러분이 지금 읽고 있는 이 책도 종이로 되어 있습니다. 종이는 누가 만들었을까요? 종이는 105년에 중국 후한의 환관 채륜이 나무껍질과 헝겊, 그물 등을 이용해서 만들었습니다. 채륜은 예전부터 전해진 종이 만드는 법을 개량해서 더욱 질 좋고 튼튼한 종이를 탄생시켰습니다. 그 덕분에 우리가 종이로 된 책을 볼 수 있게 되었으니 역사적으로 위대한 인물이죠.

　그렇다면 종이가 없던 시절에는 기록을 하지 못했을까요? 아닙니다. 종이가 없던 시절에도 사람들은 다양한 방법으로 문자를 기록했습니다. 세계 각지의 옛날 사람들은 종이 대신 무엇을 이용했을까요? 종이 대신 다양한 것들이 사용되어 그 당시의 문화와 역사를 기록했습니다. 자, 지금부터 신기하고 재미있는 종이의 역사에 대해 알아 봅시다.

「종이 대신 사용된 것」
- 점토판 : 기원전 3000년경 고대 메소포타미아 지역에서는 점토판 위에 뾰족한 나뭇가지로 글씨를 썼습니다. 이 문자를 쐐기문자라고 합니다.

▶ 점토판 위에 새겨진 글씨

- 거북이 껍데기 : 기원전 1600년경 고대 중국의 은나라에서는 거북이 껍데기 또는 동물의 뼈에 글자를 썼습니다. 주로 점을 치기 위한 용도였습니다. 이 글자를 '갑골문'이라고 하는데, 한자의 기원을 여기서 찾을 수 있습니다.

- 파피루스 : 기원전 500년경 고대 이집트에서는 파피루스라는 풀로 종이를 만들었습니다. 파피루스 줄기의 껍질을 벗겨 내고 속을 가늘게 찢은 후, 잘 두드려 말리고 이어 붙이면 종이처럼 글씨를 쓸 수 있습니다. 파피루스는 주로 두루마리 형태로 보관했습니다. 가볍고 값이 싸서 서양에서는 수백 년 넘게 파피루스를 이용해 문서를 작성했습니다.

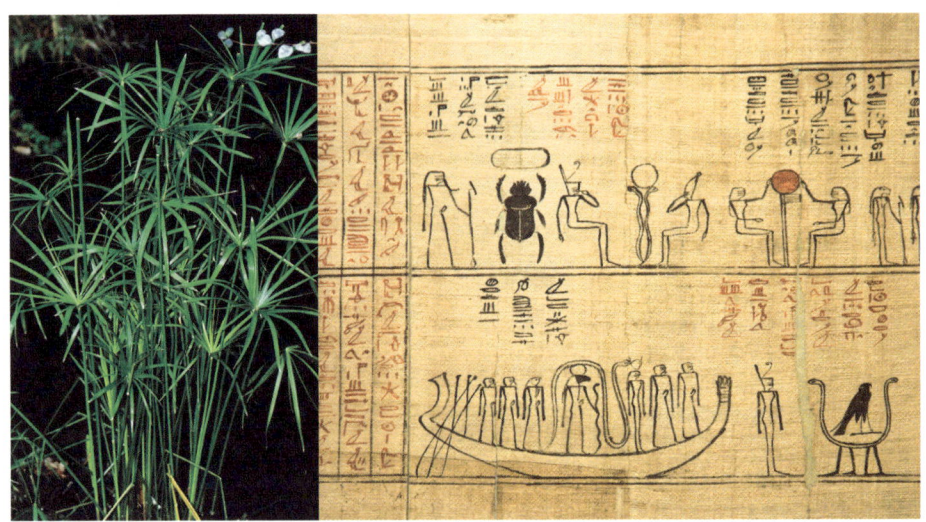
▶ 파피루스 풀과 파피루스 풀로 만든 종이

- 죽간, 목간 : 아시아에서는 가늘게 자른 대나무나 다른 나뭇조각에 붓으로 글씨를 썼습니다. 가는 대나무를 끈으로 엮어 만든 것을 죽간이라고 하고, 평평한 나뭇조각을 목간이라고 합니다. 한자의 '책(冊)'이라는 글자는 죽간의 모양을 본떠 만들어진 것입니다. 죽간과 목간은 종이가 발명되기 전까지 주로 사용되었습니다.

- 비단 : 중국에서는 비단 위에 글씨를 쓰기도 했습니다. 비단이 워낙 비싸기 때문에 나라의 중요한 문서를 작성할 때 주로 썼습니다.

- 양피지 : 유럽에서는 양가죽으로 만든 양피지에 글씨를 썼습니다. 양가죽 이외에 소가죽이나 새끼 염소 가죽을 이용하기도 했습니다. 가죽을 표백하고 얇게 펴서 만든 것입니다. 기원전 190년경 소아시아의 페르가몬에서 발명했다고 하는데, 파피루스보다 튼튼하고 오래 가서 8세기까지 유럽에서 널리 애용되었습니다. 그러나 부피가 크고 무겁다는 단점 때문에 종이가 전래된 이후에는 거의 사라졌습니다.

「제지술의 전래」

제지술은 약 600년 동안 중국과 그 주변 나라들만의 비법이었습니다. 고구려, 백제, 신라에는 3세기~4세기 무렵에는 제지술이 전해졌던 것으로 보입니다. 특히 신라에서 만들어진 '계림지'는 품질이 좋기로 유명해서 당나라에 수출하기도 했습니다. 일본에서도 7세기 무렵에는 종이를 사용했다고 합니다.

제지술이 동아시아 바깥으로 전해진 계기는 바로 고선지 장군이 이슬람 대군과 싸웠던 탈라스 전투(751년)입니다. 수만 명의 당나라 병사들이 이슬람 제국에 포로로 잡혀 갔는데, 그중에 제지술을 아는 사람들이 있었습니다. 이들에 의해 종이 만드는 기술이 이슬람 세계에 전해졌습니다.

이슬람 제국 최초로 종이 만드는 공장이 세워진 곳은 우즈베키스탄에 있는 사마르칸트입니다. 사마르칸트 종이는 8세기부터 이슬람 세계 전체로 퍼져 나가면서 유명해졌고, 곳곳에 종이 공장이 세워졌습니다.

그러나 제지술이 유럽에 전래되기까지는 좀 더 오랜 세월이 걸렸습니다. 12세기에 이슬람 제국이 북아프리카와 스페인 남부를 점령하면서 종이가 유럽에 보급되기 시작했습니다. 1276년에는 이탈리아 최초의 종이 공장이 세워졌고, 14세기에는 유럽의 종이 공급처가 되었습니다. 15세기 르네상스가 일어나고 인쇄술이 발달하면서 종이는 보편적으로 확산되었습니다.

세계 역사 연표

		세계	중국		한국	
7세기	유럽 프랑크 왕국 (486~843) \ 비잔틴 (동로마) 제국 (330~1450) \ 서아시아 이슬람 왕조 \ 중앙아시아 돌궐, 티베트 등	-610 무함마드, 이슬람교 창시 -622 무함마드, 메카에서 메디나로 이주(이슬람 원년) - 629 티베트, 송첸캄포 왕 즉위 -634 이슬람, 전 아라비아 통일 -661 이슬람 분열, 우마이야 왕조 성립	수 -610 양제, 대운하 완공 -618 이연, 당 건국 -629 삼장, 인도로 떠남 -646 삼장, 『대당서역기』 저술 -690 측천무후 즉위 -712 당 현종 즉위	삼국 시대	-612 고구려, 수나라와의 살수대첩 승리 -632 신라, 선덕여왕 즉위 -645 고구려, 당나라와의 안시성 싸움 승리 -660 백제 멸망 -668 고구려 멸망 -676 신라, 삼국 통일 -698 발해 건국 -719 발해, 무왕 즉위	
8세기		-726 로마 교회, 동로마의 성상금지령으로 분쟁 -747 동돌궐 제국 멸망 -750 이슬람, 아바스 왕조 성립 -751 프랑크 왕국, 카롤링거 왕조 성립 -771 카롤루스 대제, 프랑크 왕국 통일 -800 카롤루스 대제의 로마 대관식	당 -747 고선지, 소발률국 정벌 -750 고선지, 석국 정벌 -751 고선지, 이슬람군과 탈라스 전투 -755 안녹산의 난	남북국 시대 (통일 신라, 발해)	-727 혜초, 『왕오천축국전』 저술 -751 신라, 불국사·석굴암 건립 -788 통일신라, 독서삼품과 설치	
9세기		-870 프랑크 왕국 분열	-853 최초로 서적 인쇄 -875 황소의 난		-822 김헌창의 난 -828 장보고, 완도에 청해진 설치 -846 장보고의 난 -879 최치원 '토황소격문' 지음	

찾아보기

찾아보기

ㄱ

간신 54
간쑤 성 24, 30
강국 90
강족 36, 86, 87
개원의 치 52
개원통보 53
거란 87, 104, 107, 129
고구려 7, 15, 18, 25, 28, 29, 30, 56, 78, 79, 80, 117, 122, 123, 125, 126
고산증 63
교역 8, 58, 84, 85
교하 고성 35
『구당서』 18, 45, 79, 122, 123
구법승 37, 64, 81
국경 16, 18, 30, 31, 51, 52, 53, 54, 89, 96, 107
그리스 27
기병 43, 61, 86, 92, 107, 111, 131
길기트 55

ㄴ

나당 연합군 30
나침반 17
나폴레옹 70, 123
낙타 6, 72, 73, 83
노예 78, 80
눈보라 71

ㄷ

달해부 43, 44, 57
당삼채 50
『대당서역기』 89
대발률 55
대식국 33, 34, 58, 59, 60, 82, 83, 84, 86, 88-94, 100, 103
대조영 30, 128
도사 53
돌기시 31, 33, 34, 83, 86
동돌궐 33, 34, 87, 125
돼지 67
두보 103
두장옌 118
둔황 15, 51, 58

ㄹ

량저우 24
뤄양 50, 108-112, 114, 115, 117, 137

ㅁ

마드라사 95
마른고기 62, 73
말위야 첨탑 85
명절 29
모래바람 16
모래폭풍 16, 17, 38, 55, 93
몽골 고원 33
묘기 24, 25
무인 41, 94, 109, 131
문관 44, 45

ㅂ

바그다드 82, 127, 136
반란 43, 105, 107, 114, 117, 118

발해 30, 122, 128, 129

베이징 53, 105, 107, 137

벽화 58, 81

보물 38, 103, 113, 114, 124

보병 61, 86, 92, 131

부하라 58

불교 문화 111

비단 58, 113, 134

비파 58

소발률국 12, 55, 56, 57, 60, 62, 63, 72, 73, 74, 75, 78, 79, 83, 113, 127

수도 35, 50, 52, 72, 82, 85, 91, 105, 111, 127, 136, 137

시그닉국 66, 67

시안 26, 54, 106, 137

『신당서』 18, 123

실크로드 17, 18, 20, 22, 27, 31, 32, 36, 37, 47, 50, 51, 57, 58, 61, 64, 71, 77, 81-85, 88, 90, 91, 95, 102, 117, 123, 127, 129

쓰촨 성 117, 118

안서절도사 36, 37, 57, 79, 81, 99, 102, 116, 117

양귀비 52-55, 103, 105, 106, 108, 117

양탄자 36, 58

연운보 63, 66, 67, 68, 69, 70

오아시스 31, 37, 63

옥 37

온천궁 105

와칸 계곡 63

『왕오천축국전』 32, 84

요새 112

용문석굴 110, 111

우마이야 왕조 84, 127

우즈베키스탄 50, 58, 82, 87, 90

원나라 26, 87

원소관등 24, 25, 29, 116

원정 60, 77, 131

월아천 15

위구르 33

유리잔 58

유목 민족 33, 43, 131

유주 53

유후 88

ㅅ

사령관 89

사마광 78

사마르칸트 58, 81, 90, 135, 136

사신 34, 81

서돌궐 33, 44, 87, 89, 125, 126

서역 24, 25, 26, 27, 30, 31, 32, 33, 36, 37, 43, 50, 51, 52, 53

석국 82, 83, 88, 123, 124, 127

섬주 110, 112, 113, 114

소그드 상인 58, 59, 60

소그디아나 50, 58, 81

ㅇ

『아라비안 나이트』 84

아랍 26, 27, 84, 127

아바스 왕조 82, 84, 85, 127

아프가니스탄 63, 64

안녹산의 난 99, 107, 117

안서 4진 37, 38, 63,

안서도호부 17, 26, 31, 32, 34, 35, 37, 44, 88, 90, 100

141

찾아보기

이라크 82
이민족 22, 36, 37, 49, 54, 86, 87, 106, 107, 131
이븐 살리히 89, 91, 92, 93
이슬람 사원 100
이슬람교 27, 95, 127
이식쿨 호수 44
인도 32, 64, 89

ㅈ

『자치통감』 78, 122, 123
장건 26, 87
장안 51-55, 57, 58, 83, 98, 101-110, 112, 114, 117, 118, 124, 137
재주꾼 24, 25
전략 35, 43, 44, 53, 57, 66, 74, 109, 126
전리품 80, 124
정벌 43, 79, 88, 113, 127
정복 34, 49, 78, 87, 114, 123, 125, 129
제지술 135

조공 35, 78, 82, 83
종이 95, 132-135
중앙아시아 26, 59, 64, 82, 90, 123, 124, 127, 129
지략가 45
진격로 88, 107

ㅊ

천리마 102
첩자 55, 83, 86, 91
초원 86, 87, 125
칭기즈칸 26

ㅋ

카간 33, 34, 83
카라샤르 37
카라코룸 산맥 75
카슈가르 37, 59, 60, 63, 100, 101
케르룩 86, 87, 92, 93
코끼리 92, 93

쿠차 14, 15, 17, 22, 31, 32, 36-38, 40, 41, 43, 55, 57, 58, 61, 63, 73, 83, 89, 101, 116, 136
쿤룬 산맥 31

ㅌ

타지키스탄 50, 58, 64, 66, 67
타클라마칸 사막 20, 31, 37, 38, 100, 103
탄구령 12, 70, 71
탈라스 전투 26, 94, 95, 99, 101, 102, 103, 117, 129, 135
탈라스 평원 86, 89, 91, 94
태평성대 51, 99
톈산 산맥 18, 31, 33, 38, 43, 44, 47, 63, 64, 83, 86, 88, 89
토번 57
통치 26, 33, 84, 127
투루판 35, 58
통관 112-115, 117
티베트 18, 30, 31, 33, 55, 56, 57, 60, 61, 68, 69, 72, 74, 77, 83, 87, 124, 126

ㅍ

파미르 고원 18, 26, 31, 38, 63, 64, 78, 116, 123

페르가나 87

페르시아 27, 50, 58

포로 28, 83, 94, 124, 135

ㅎ

한족 79, 80, 86, 87, 109, 131

항구 27

향신료 58

허난 성 111, 112

현장 89

혜초 32, 84

호위병 40

호탄 36, 37, 38

화칭츠 106

환관 54, 79, 113, 132

황허 강 109, 112

힌두쿠시 산맥 12, 70, 123

사진 출처_

12-13 힌두쿠시 산맥, 15 둔황의 월아천, 25 원소관등 축제, 26 서역인 조각상, 31 쿠차 협곡, 35 교하 고성, 36 양탄자, 38-39 타클라마칸 사막, 44 이식쿨 호수, 46-47 톈산 산맥, 50 당삼채, 51 둔황의 실크로드 여행자, 53 개원통보, 54 오늘날의 시안 성, 56 포탈라 궁, 59 카슈가르 시장, 64-65 파미르 고원, 67 타지키스탄, 70-71 힌두쿠시 산맥, 72 사막의 낙타, 75 카라코룸 산맥, 90 사마르칸트 레기스탄 광장, 93 코끼리, 95 마드리사, 96-97 탈라스 강, 101 향비의 묘, 102 천리마, 105 베이징, 106 화칭츠, 110 뤄양의 용문석굴, 118-119 쓰촨 성 두장옌, 128 오아시스 국가의 이슬람화, 131 당나라의 전형적인 무인, 133 점토판, 134 파피루스 풀과 종이 ⓒdreamstime 19 고선지 그림, 62 당나라 기병 그림 ⓒ차영훈 85 말위야 첨탑 ⓒistockphoto

지도 그림_

고선지의 실크로드 정복 전쟁 경로, 안녹산 본군의 진격로, 7~8세기 실크로드 세계 ⓒ차영훈

[지은이]

김은영

중·고등학교에서 역사를 가르쳤습니다. 지금은 서울대학교 역사교육과 대학원에서 한국사를 공부하면서 학생들을 위한 좋은 역사책을 쓰기 위해 노력하고 있습니다. 역사는 단순히 과거의 흔적이 아니라 미래를 보기 위한 거울이라는 생각을 가지고 이 책을 썼습니다. 지은 책으로는 〈서울대학교 뿌리깊은 역사나무〉와 함께 만든 『한눈에 쏙! 우리역사』가 있습니다.

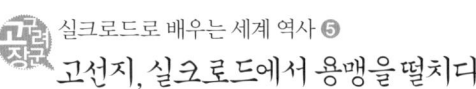

실크로드로 배우는 세계 역사 ❺
고선지, 실크로드에서 용맹을 떨치다

김은영 지음

1판 1쇄 펴냄 2011년 12월 30일
1판 3쇄 펴냄 2017년 1월 10일

펴낸이 김정호
펴낸곳 아카넷주니어

편　집 정정희
마케팅·제작 정상희
관리 안선옥

등록 2006년 11월 22일(제406-2006-000184호)
주소 10881 경기도 파주시 회동길 445-3 2층
전화 031-955-9515(편집) 031-955-9514(주문) **팩스** 031-955-9519
전자우편 editor@acanet.co.kr **홈페이지** www.acanet.co.kr

ISBN 978-89-97296-03-3 74900
　　　978-89-965640-2-7(세트)

*아카넷주니어는 학술, 고전 전문 출판사인 아카넷의 어린이·청소년 브랜드입니다.
*책값은 뒤표지에 있습니다.